영어초보자 돼끼맘도 성공한 엄마표 영어교육

내 아이가 외국인과
바로 대화할 수 있는
엄마표
영어공부법

영어초보자 돼끼맘도 성공한 엄마표 영어교육

내 아이가
외국인과 바로 대화하게 만드는
엄마표 영어공부법

초판 1쇄 인쇄 ㅣ 2020년 12월 28일
초판 1쇄 발행 ㅣ 2021년 01월 05일

지은이 ㅣ 김세영
펴낸이 ㅣ 최화숙
편집인 ㅣ 유창언
펴낸곳 ㅣ **아마존북스**

등록번호 ㅣ 제1994-000059호
출판등록 ㅣ 1994. 06. 09

주소 ㅣ 서울시 마포구 성미산로2길 33(서교동), 202호
전화 ㅣ 02)335-7353~4
팩스 ㅣ 02)325-4305
이메일 ㅣ pub95@hanmail.net ㅣ pub95@naver.com

ⓒ 김세영 2021
ISBN 979-89-5775-250-0 13740
값 15,000원

영어초보자 돼끼맘도 성공한 엄마표 영어교육

내 아이가 외국인과 바로 대화할 수 있는
엄마표 영어공부법

김세영 지음

아마존북스

결혼할 때 내 나이는 27살이었다. 남편도 27살. 그때 나는 사회 생활 3년 차였고, 3년 열심히 벌어놓은 돈으로 결혼 자금을 대고 나니 우리 둘은 아무것도 없이 군 아파트에서 신혼을 시작하게 되었다. 그렇게 시작한 나의 결혼 생활. 아이가 하나, 둘 태어나고 셋째가 태어났다. 아이들이 성장하면서 들어가는 교육비는 만만치 않았다.

처음에는 멋모르고 열심히 아이들을 키웠다. 잘 모르는 초보 엄마로 무작정 두 가지 목표를 가지고 시작했던 것 같다.

하나는 독서! 독서를 즐기는 아이로 키우고 싶었다. 나는 책이 너무 좋다. 사실 독서를 매우 좋아했던 사람은 아닌데 책은 너무 좋았다. 책 냄새도 좋고 책을 읽는 나도 좋고, 책에서 좋은 문구 하나 발견하면 그렇게 행복할 수가 없었다. 책으로 지식을 습득하기보다는 책을 즐기는 내가 너무 좋았고 그 즐거움을 너무 늦게 찾은 게 아쉬워서 아이들에게는 태어나면서부터 책을 즐기게 해주고 싶은 맘이었다.

여행을 가서도 책 한권 읽는 여유가 있는 아이로 키우고 싶었다. 다행히 아이들에게 어려서부터 책을 많이 읽어 줬더니 책을 좋아하는 아이, 책을 자주 접하는 아이가 되었다.

두 번째는 영어! 영어를 잘 하는 아이로 키우고 싶었다. 여기서 영어를 잘하는 아이는 시험 성적이 높은 아이가 아니라 프리토킹을 하는 아이를 말한다. 영어를 잘하는 아이로 키우고 싶은 이유는 아이가 넓은 세상을 바라보길 원해서였다. 직업이나 학력을 기대하기보다는 어떤 일을 하던지 아이가 세상을 즐길 수 있기를 바랐다. 열심히 일하고 여행을 갈 때 넓은 곳을 맘껏 다닐 수 있었으면 했다. 나는 영어를 잘 못하는 사람이다. 해외에서 마음껏 다니고 싶어도 영어에 대한 두려움으로 가지 못했다. 그래서 아이는 영어를 잘하기를 바랐다.

그렇게 생각한 두 번째 이유로 나는 어려서부터 영어 노출을 조금씩 계속 시켜주었고, 큰아이가 초등학생이 되었을 때 엄마표 영어를 알게 되었다.

나라고 준비된 엄마였겠는가? 모든 게 서툴고 처음인 엄마였다. 그래서 처음에는 부족한 점이 너무 많았다. 맘은 가득했다. 만약 내가 여유로웠다면 난 망설이지 않고 국제학교를 보내거나 유학을 보냈을 것이다. 하지만 국제학교는 결혼을 일찍한 우리에게, 양가의 도움을 받지 않은 우리 부부에게는 너무나 버거운 교육방식이었다. 그리고 유학도 엄두가 나지 않았다. 아이들에게 아빠는 꼭 필요한 존재라 생각했고 나 또한 남편과 떨어져서 살 용기가 나지 않았다. 그러다 보니 마음은 가득한데 방법을 알 수 없어서 계속 영어에 노출만 시켜주었다.

그러던 와중에 알게 된 엄마표 영어는 세 아이의 교육비에 대한 부담을 줄이면서 내가 원하는 영어를 할 수 있는 최고의 방법이었다. 세 아이의 영어교육비는 적게는 월 100만 원에서 200만 원까지도 생각해야 했다. 난 세 아이와 행복하게 살고 싶지 교육비에 허

덕여 아이와 힘들게 살고 싶지는 않았다.

엄마표 영어는 매일의 영어노출로 모국어를 배우는 방식으로 영어를 습득하는 영어교육 방식이었고, 엄마가 영어를 잘하지 않아도 할 수 있다는 것이 나에게는 매우 매력적이었다. 또한, 앞서 엄마표 영어를 한 아이들이 영어로 말하는 것은 물론 다른 교과에서도 뛰어난 성과를 보였다는 것이 더 매력적으로 다가왔다. 그 이유는 내가 엄마표 영어를 하면서 자연스레 알게 된 사실이다. 엄마의 학업 코칭 능력이 아이의 영어 능력과 함께 상승되면서 전과목을 코칭할 수 있게 되었고, 그러다 보니 모든 학습을 집에서 홈스쿨로 할 수 있게 되었다. 5년 차인 지금, 아이들은 혼자서 주간계획표만 보고도 엄마없이 매일의 과제를 스스로 수행하고 있다.

2020년, 코로나19로 우리의 모든 생활에 변화가 왔다. 내가 아이들과 지내는 것에 있어서 흔들림없이 2020년을 지낼 수 있는 것은 지금까지 해온 엄마표 학습들이 바탕이 되어서이다. 너무도 잘 따라와 준 아이들. 이제 큰아이는 영어의 재미를 맛보았다. 그래서 이제는 더 이상 내가 해줄 수 있는 것이 없다. 꾸준한 노출과 대화 상대를 붙여주는 것으로 유지만 하면 된다. 두 번째 언어로 중국어를 하고 있는데 여전히 엄마표로 중국어도 집에서 하고 있다. 좋은 매개체들이 많아 아이에게 맞는 어플이나 교재를 찾아준다면 집에서도 충분히 가능한 외국어 습득!

둘째와 셋째는 듣기 능력이 많이 향상되었고 말하는 연습을 계속하고 있다.

2020년. 아이들을 키우는 엄마들. 어떻게 아이를 키울지 생각하고 키우는가? 어떤 세상에서 아이들이 자라고 있는지 생각해 본 적이 있는가? 요즘 아이들은 우리가 자라온 세상과는 너무도 다른 세상에 살고 있다. 아이들은 여러 방법으로 많은 정보를 손쉽게 얻을 수 있는 세상에 살고 있고, 그 수많은 정보들 중에 한글로 된 정보만을 접하고 있다면 우리 아이들이 놓치는 정보는 우리가 상상하는 그 이상일 가능성이 많다.

예전 엄마표 영어교육센터에 다닐 때, 강연에서 듣고 우리 부부가 놀랐던 것이 있었다. 바로 영어로 된 정보와 한글로 된 정보의 양 차이!

우리의 아이들이 자라날 세상, 그리고 그들이 주도해 나갈 세상은 우리가 살았던 세상과 우리가 교육받은 세상과는 너무나 다르다. 그 다름을 빨리 인식하고, 아이들이 적응하고 또 활용할 수 있도록 하려면 엄마들이 변화해야 한다. 우리가 배운 방식을 고집해서 교육하면 우리 아이들에게 똑같은 영어실력을 남겨 주게 된다. 아이들에게 넓은 세상을 같이 보여 주기를 바라는 마음에 우리 아이들의 영어교육 방법과 에피소드를 적어 보았다. 많은 엄마들, 특히 엄마표 영어를 하려는 엄마들에게 영어 못하는 나와 내 아이들의 기록이 많은 도움이 되기를 바란다.

Contents

chapter 3

돼끼맘이 놀란 흘려듣기 효과

chapter 4

돼끼맘도 어려운 영어 원서

돼끼맘의 엄마표 영어는 이랬어요

chapter 6

돼끼맘이 엄마표 영어교육을 시작하려는 엄마들에게 하고 싶은 말

부록/돼끼맘이 추천하는 영상

돼끼맘의
엄마표
영어교육 시작

01

돼끼맘이
엄마표 영어교육을
시작한 이유

해외로 신혼여행을 다녀오셨나요? 가족과 함께 또는 결혼 전에 친구들과 해외여행을 가 보셨나요? 만약 가 보셨다면 자유여행이었나요 아니면 패키지여행을 다녀오셨나요?

자유여행을 가고 싶지만, 언어 소통이 안 돼서 실행하지 못하시는 분들이 내 주변에는 많은 것 같다. 그래서 여행사가 돈을 잘 버나 보다.

우리 아이들에게 언어의 자유를 주고 싶지 않으세요? 세계의 모든 언어는 아니지만, 영어만큼은 자유롭게 구사하도록 하고 싶지 않으세요?

나의 자녀 영어교육 시작 이유는 이것이었다.

언어의 자유! 그로 인한 여행의 자유! 나는 내 아이들에게 이것만큼은 꼭 해주고 싶다는 마음이 있었다. 패키지여행을 가서 여행사 직원 없이는 한 발자국도 내딛지 못하는 것이 아니라 내가 가고 싶은 곳, 보고 싶은 곳, 느끼고 싶은 곳을 자유롭게 돌아다니는 것이다. 아이가 커서 어떤 직업이든 자신의 인생을 살 때, 본인에게 휴가나 쉴 수 있는 시간이 주어졌을 때, 언어 때문에 주저하지 않도록 영어의 자유를 주고 싶었다. 이것이 내가 자녀 영어 공부를 시작하게 된 이유였고, 엄마표 영어에 성공할 수 있었던 나만의 목표였다.

나의 첫 해외여행은 중국 상해 여행이었다. 친구가 중국 유학 중이었는데, 유학 막바지에 친구는 중국 전역을 여행하고 있었다. 내 휴가 기간과도 맞았고 마침 상해 쪽으로 여행하러 간다고 하기에 함께하게 되었다. 패키지여행을 선택하지 않은 이유는 여행사 직원 따라서 남들 다 가는 곳 말고, 새로운 시각으로 중국을 바라보고 싶었기 때문이다. 유학 중인 친구도 배낭여행 중이었고 나와 이런 생각이 맞아서 같이하게 되었다. 짧은 여행 시간이었지만, 그 친구와 같이 여행하며 언어의 자유가 주는 여행의 자유, 선택의 자유를 지켜보았다. 그때는 부러움도 있었고, 언어의 자유에 대한 생각이 더 깊어졌다.

그 이후 두 번째 여행은 신혼여행이었다. 인도네시아 발리로 갔다. 웨딩 업체에서 일하는 친구 덕에 발리에서도 우리나라 사람보다는 외국인들이 많은 숙소를 가게 되었다. 그곳에서 나와 신랑은 언어의 장벽을 또 느끼게 되었다. 워낙 내가 영어를 못하기도 했고, 알고 있는 영어조차 평소에 사용하지 않다 보니 항상 뒤늦게 생각이 났다. 또한 평소에 영어를 거의 안 듣다 보니 듣는 귀는 거의 막혔다고 봐야 했다. 아는 단어나 말들도 아나운서나 더빙하는 사람들이 하는 말이 아니라 현지인의 언어다 보니 알아듣기가 더 힘들었다. 발음도, 억양도 모두 다르고 말하는 속도도 다르다 보니 듣기가 안 되고, 듣기가 안 되니 아는 말도 대답을 못 하고 알아들어도 입이 움직이지 않으니 그야말로 벙어리가 따로 없었다.

너무나 좋았지만, 더 많이 즐기지 못하고 왔던 신혼여행을 다녀오고 1년 후에 아이를 출산했다. 그리고 생각했다.

'아이를 키우면서 내 아이에게는 독서와 영어는 꼭 가르쳐 줘야겠다.'

그래서 출산 6개월 후 직장을 다니게 되면서는 출퇴근을 아이와 같이했고 차 안에서 영어 CD를 계속 틀어 줬다. 계속 들으면 엄마는 영어를 잘 못하지만, 아이는 들을 수 있지 않을까 하는 생각에서였다. 그때는 엄마표 영어를 알지도 못하는 초보 엄마였다. 그래도 흘려듣기를 열심히 시킨 것을 보면 신기하기만 하다.

나는 영어를 전혀 못한다. 정말 초급 수준이라 어디서 영어로 말할 일이 생기면 얼굴부터 빨개진다. 영어 공부도 학창 시절에는 잘하지 못했다. 그런 내가 영어를 내 가장 소중한 아이에게 가르칠 수 있을까 하는 생각에 처음엔 고민도 많았다. 평생 교육자였던 아빠와 잠시 교육자의 길에 있었던 친오빠에게서 교육의 중요성을 본의 아니게 듣고 접하다 보니 교육은 교육 전문가가 해야 하는 건 아닐까 하는 생각도 했다. 하지만 지금은 강하게 말할 수 있다. 영어는 언어다. 언어를 모국어 식으로 접하지 않고 책으로 문제 풀듯이 학습하면 우리 아이의 영어는 지금의 나와 다르지 않을 것이다.

나는 나와 같은 방법이 아니라 제대로 된 방법으로 언어를 알려주고 싶었다. 우선 듣기가 중요하다는 생각이 들었다. 들려야 대답하고 대화할 수 있을 것이다. 들어야 말을 할 수 있겠다. 이런 생각이 들자 아이에게 먼저 들려줘야겠다는 생각이 들었다.

아이들에게 말했다.

"○○야. 세상은 정말 넓어! 그 넓은 곳에 가서 놀고 싶지 않아? 네가 마음껏 돌아다니고 싶으면 영어를 할 줄 알아야 해. 영어는 세계 대부분의 사람이 말하는 언어거든."

우리 아이에게 언어의 자유를 주어 더 넓은 곳에서 경험하고 즐기게 하고 싶었던 것이 나의 엄마표 영어교육의 시작이었다.

이 글을 읽는 우리 아이들의 엄마 또는 아빠. 당신은 왜 아이에게 영어 공부를 시키려 하시나요? 왜 엄마표 영어를 시작하려고 하나요?

그 이유가 분명히 있어야 한다고 생각한다. 나와 같이 '아이가 여행을 자유롭게 했으면 한다.'가 아니어도 상관없다. 성적 때문이라든지, 스펙이라든지, 외국 생활이 목적이라든지 등. 목적이 있으면 흔들리지 않고 아이와 같이 갈 수 있다.

뚜렷한 목표가 있다면 중간에 오는 어떠한 시련이나 문제도 해결할 힘이 생긴다. 꼭 엄마표 영어를 시작하기 전에 왜 엄마표 영어를 하려고 하는지, 그 목표가 무엇인지를 생각해 보아야 한다.

우리 큰아이는 이제 영어로 듣고 말하는 것에 아무런 막힘이 없다. 그로 인해 지난 괌 여행에서 그 아이는 마음껏 쇼핑몰을 돌아다니며 본인이 원하는 바를 얻었고, 식당에서도 필요한 것을 주저함 없이 말하고 얻어내었다. 그뿐만 아니라 외국인 친구들과 수영장에서도 즐겁게 대화하며 놀 수 있었고, 얼마 전에는 SNS에서 말을 걸어온 프랑스 친구와도 채팅으로 의사소통하는데 주저함이 없었다.

단언컨대, 이는 우리 아이가 특별해서가 아니다. 엄마표 영어를 통해 언어의 자유를 느끼고 넓은 세상을 알고자 하는 목표가 있어서 아이와 함께 지금의 모습이 될 수 있었다.

왜 영어 공부를 하려는지, 엄마표 영어를 하려는 이유가 무엇인지 고민하는 것이 엄마표 영어의 시작이다. 시작이 반이라 하지 않던가. 시작을 확고히 하고 가자.

02

"엄마가
영어를
잘하나 봐요?"

"엄마가 영어를 잘하나 봐요?"

"아이가 언어 천재인가 봐요?"

엄마표 영어를 시작한 지 4년이 지나자 종종 듣는 말이었다. 내가? 하하하. 나와 중·고등학교 영어 시간을 함께한 동창이라면 알텐데……. 나는 영어를 너무 못하는 아이였다. 그래서인가. 아이가 영어로 자유롭게 말하는 것이 나의 바람이다. 내 친한 친구는 영어, 중국어, 한국어의 3개 국어를 구사하는데, 내가 제일 부러워하는 친구이다. 그 친구는 내가 간혹 한국어도 잘못 말해서 날 재밌어한다. 한국어도 어설픈 사람. 이상하다. 책을 아무리 읽어도 그런 걸 보면 난 아마도 선천적으로 언어 구사 능력이 떨어지는 건 아닌

지……. 그런 내가 아이가 원어민 못지않게 영어를 자유롭게 구사하게 만든 엄마표 영어를 5년이나 하고 있다. 나도 놀랍고 사람들도 놀라워한다. 3년이 지나고 친정 오빠도 어떻게 하면 영어를 잘할 수 있냐고 물어왔다. 엄마표 영어 관련 서적을 보면 엄마들의 스펙이 너무나 대단하다. 외국 대학교 출신이나 영어 전공자도 많다. 사실 부럽다. '내가 영어를 전공하고 영어를 잘했다면 우리 아이들을 더 잘 가르쳐 줄 수 있지 않았을까?' 하는 생각이 든다.

요즘 큰아이와 함께 영어 스피킹 모임을 하는 엄마들이 있다. 한 분은 통역사 출신의 엄마이고 다른 한 분은 영어 전공자이자 현직 교육자이다. 그분들과의 첫 만남에서 나는 부럽다고 계속 외쳐댔다. 실제로 만나서 아이들에게 영어로 얘기하는 모습을 보니 내가 만약에 저 정도로 영어를 구사했다면 지금처럼 친구를 만나게 해 주려 여기저기 찾아보고 노력하는 수고보다 내가 아이와 즐겁게 이야기를 나눴을 텐데 하는 생각이 들었다. 부럽고 또 부럽고, 그냥 마냥 부러웠다. 부럽지만 어쩌랴. 나는 영어를 잘하지 못하는 엄마인 것을……. 그러니 열심히 뛰고 열심히 알아보고 해서 아이가 최대한 즐겁게 영어를 할 수 있는 환경을 만들어 줄 수밖에.

그런데 교육자로 있는 언니가 나에게 용기가 나는 말을 해주었다. 영어로 아이들에게 말하다 보니 어느 날 아이들이 엄마의 입을 막더라는 것이었다. 그러면서 아이들 앞에서 영어를 굳이 하지 말라고 말해 주었다. 엄마가 영어를 잘해도 아이들이 거부할 수 있으니 너무 부러워하지 말라고 말해 주었다. 정말 고마웠다. 부럽고 또 부러워서 좌절하려는 내게 다시 한번 힘을 주는 말이었다. 그래, 난 몰라. 모르지만 나는 열심히 해서 아이가 영어를 자유롭게 구사하도록 했어. 그럼 된 거다. 내가 잘했으면 좋았겠지만, 이미 그건 물 건너간 상황이니 현재 상황에서 열심히 하면 되는 거다.

엄마표 영어는 아이를 내가 직접 코칭하는 것이다. 엄마의 영어 능력이 좋으면 플러스 요인이 되겠으나 엄마의 영어 능력이 꼭 필요한 것은 아니다.

모든 엄마가 나를 보고 용기를 얻어서 이 교육을 시작했으면 한다. 영어를 못해도 영어를 원어민처럼 구사하는 아이를 키울 수 있다는 것. 그러니 엄마가 영어를 못해서 엄마표 영어교육을 못할 것이라는 걱정은 멀리 던져 버리고 이제 내 아이의 영어는 내가 책임지자!

큰아이가 얼마 전 성인 스피킹 모임에서 엄마에게 하고 싶은 말을 묻자 이렇게 대답했다.

"나는 엄마가 아니었다면 이 자리에 올 수 없었을 거예요. 엄마한테 고마워요."

"엄마한테 고마워요……."

03

즐겁게
배워야 한다

아이들과 영어를 엄마표로 하면서

이렇게 5년 가까이 계속할 수 있었던 이유가 무엇일까? 그리고 다른 엄마표 영어를 하는 엄마들이 고민하는 '영어로 말하기'를 성공한 원인은 무엇일까? 다른 엄마표와의 차이가 무엇이길래, 아이가 영어로 말하는 것을 끌어낼 수 있었을까? 아이들이 DVD를 재미있게 보고 책 읽는 것을 즐거워했기 때문이다. 만약 아이들이 매일 영상을 보고 책 읽는 것을 힘들어하거나 싫어했다면 아이들도 영어가 싫어졌을 것이고 하루하루가 힘들었을 것이다. 그리고 그런 아이들을 가르치는 엄마도 쉽지 않았을 것이다. 매일 하기 싫다는 아이를 어르고 달래거나 억지로 시켜야 했을 것이고, 그러다 보면 힘에 겨워 지쳐서 아이를 혼내거나 다그칠 수밖에 없었을 것이다. 이런 상황이 되려고 학원에 보내지 않고 엄마표로 하려는 것일까? 아이와의 전쟁을 치르려고 엄마표 영어교육을 시작한 것일까? 아니다. 절대 그렇지 않다. 아이와 같은 시간 동안 공부해도 더 효과 높은 결과를 보는 것! 내 아이에게 맞는 교육으로 영어를 즐겁고 자연스럽게 가르치려고 시작한 것이다.

"천재는 열심히 노력하는 사람을 이길 수 없고 열심히 노력하는 사람은 즐기는 사람을 이길 수 없다."라고 했다. 우리 아이들은 영어 영상 보기를 좋아했고 책을 찾아서 읽는 책벌레까지는 아니지만, 독서할 때는 늘 즐거워했다. 즐거워했으니 매일 3시간을 영어로 듣고, 보고 해도 아무런 거부감도 없었고 오히려 영어 영상을 보는 것은 노는 시간과 다름없다는 인식까지 하고 있었다. 사실 영어 영상 보는 것을 거부하거나 힘들어하는 아이와 엄마표 영어를 한다는 것은 너무도 힘든 일이다. 그러나 이를 반대로 얘기하면 그만큼 영어 영상 시청이 중요하다는 얘기다.

큰아이가 어느 날 벨리댄스를 배우러 문화센터에 가는 길이었다. DVD 보는 것을 워낙 즐거워하는 아이여서 평소 DVD 노출 시간이 거의 매일 2시간 이상 되던 아이였다. 거기에 흘려듣기와 책까지 포함하면 영어 환경에 3시간은 거뜬히 노출되었다. 그런 아이가 엘리베이터 앞에서 갑자기 중얼거리기 시작했다. 처음엔 무슨 말을 하는지 알지 못했다. 그런데 순간 들린 영어……. 이 아이가 뭐라고 하는 걸까?

들어 보니 최근 즐겨보는 DVD인 〈꾸러기 상상여행〉이라는 애니메이션의 대사를 따라 하는 것이었다. 그런데 더 놀라운 건 따라 하는 그 아이의 표정이었다. 너무나 즐거워서 말하지 않고는 못 배기는 표정이었다.

중간에 생각이 안 나는 부분도 멋쩍은 듯 웃으면서 넘어갔다. 이것이 발표나 테스트였다면 아이가 저런 표정으로 말했을까 싶었다. 순간 그 모습을 보고 엄마표 영어를 하는 엄마로서 뿌듯하고 감격스러우면서 강한 확신이 들었다.

'그래! 학원에서 백 번 외우는 단어나 문장보다 아이가 재밌어서 여러 번 스스로 본 영상을 저절로 따라 하고 즐긴다면 그게 맞는 거다! 내가 잘하고 있는 거다! 더 확신을 가지고 아이가 더 즐길 수 있게 도와주자!'

아이는 그 이후로도 가끔 아웃풋(output)을 보여 주었다.

세 아이가 재밌게 〈타잔〉을 보고 난 어느 날이었다. 특별한 대사도 아니고 대사가 길지도 않았다. 그냥 타잔이 처음 자신과 같은 사람들을 만나 문화를 습득하는 장면이었다. 거기서 타잔이 본인의 이름이 타잔인 것을 배우는 장면! 계속 타잔만 외쳐대는 장면을 볼 때였다(대사라고는 '타잔~ 타잔! 타~잔~ 타! 잔!' 이것뿐이다).

그런데 신기하게도 아이들은 그 장면이 너무나 재미있었는지 별 의미 없는 역할을 나누어서는 계속 "타잔~ 타잔~!"만 외치며 셋이 까르르 웃어댔다. 더 웃긴 것은 저 대사를 한다고 여기저기 장롱에서 옷도 꺼내고 장난감 통에서 소품도 열심히 준비했다는 것이다. 보고 있노라면 무슨 대단한 연극 준비를 하려는 것처럼 보여서 나름 기대를 했더랬다.

이런 순간 어떤 엄마들은 좀 더 의미 있는 말을 했으면 했을 것이다. 나 또한 그런 기대를 했었으니까. 하지만 그렇지 않다. 욕심을 부려 한마디를 더하다 보면 나오려던 아이의 말은 다시 쏙 들어가 버린다. 단순히 '아이가 정말 즐겁게 영화를 보고 있구나. 저렇게 따라 할 정도로 인상 깊은 장면이구나.' 하며 공감하고 오히려 비슷한 유머 포인트가 있는 영화나 영상을 찾아서 또 보여 주어야 한다.

5년 동안 엄마표 영어교육을 하면서 아이가 이렇게 보고 나서 따라 하는 영상이 종종 있다. 따라 하는 영상은 그만큼 정말 신나게 봤다는 것이고 그렇게 재밌게 본 영화의 대사는 백 번 외운 문장보다 아이의 머릿속에 더 깊게 남는다. 그 기억에 남는 대사는 아이의 입을 통해서 나오게 될 것이고 그게 바로 영어 말하기의 시작인 것이다. 세 살배기 아이가 엄마의 말이 재밌어서 무한 반복해서 그 말을 자기 것으로 만드는 것처럼 말이다.

즐길 수 있도록 해야 한다. 영어는 학습하는 과목이 아니라 습득하는 언어이다. 습득하기 위해서는 그만큼의 시간이 필요하다. 그 시간은 생각보다 길다. 그 시간이 불행하지 않기 위해서는 아이가 즐길 수 있도록 만들어 주는 엄마의 역할이 아주 중요한 것이다. '즐거움.' 이것은 아이에게나 엄마표 영어를 하는 엄마를 위해서도 꼭 필요한 엄마표 영어의 필수 조건이다.

04

하루 하루를 기록하자!

엄마표 영어를 시작하면서

매일 아이들의 학습을 기록했다. 영어 노출 시간도 기록했다. 내가 처음 기록을 시작한 것은 첫 아이가 한글 수업을 받으면서부터였다. 그때 학습지 선생님이 주신 독서 달력에 제목과 날짜를 기록했다. 기록을 시작한 이유는 아이의 미래를 위해 혹시나 해서였다. '우리 아이는 아기 때부터 이렇게 많은 책을 읽었습니다.'라는 증거 목록을 남기고 싶었다. 그렇게 아이가 6~7세가 될 때까지 아이의 독서 목록을 기록했다.

아니, 사실은 그전부터, 첫 아이가 뱃속에 있을 때부터 아이가 크면 주려고 일기를 썼다. 소소한 기록은 그렇게 계속해 왔던 것 같다. 기록은 그 이후로도 계속되었다. 처음 싸이월드가 생겼을 때 남편과의 데이트와 결혼을 기록했고, 그 후로는 카카오스토리로, 그리고 현재는 인스타와 블로그에 기록을 남기고 있다. 그리고 엄마표 영어를 시작하는 순간부터 매일 기록했다.

기록을 하면 다음과 같은 장점이 있다.

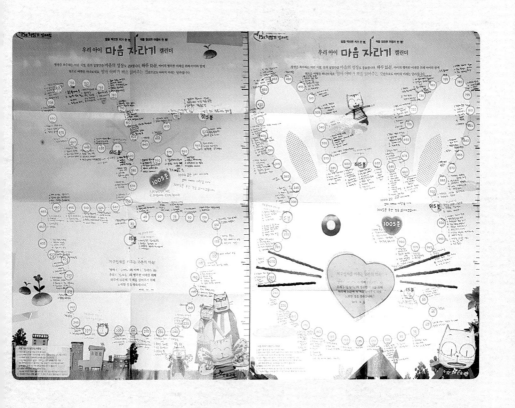

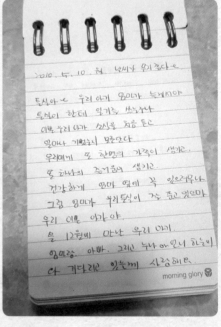

① 통계를 낼 수 있다.

② 영화나 책에 대한 아이의 기호를 알 수 있다.

③ 부족한 부분도 한눈에 확인이 가능하다.

④ 꾸준함을 유지할 수 있다.

기록해야 한다. 엄마표 영어는 선생님이 없다. 선생님이 없다는 것은 확인할 사람이 없다는 것이다. 확인하지 않으면 내 의지만으로는 오랫동안 엄마표 영어를 지속하기가 쉽지 않다. 엄마표 영어는 한두 달로 이루어지는 초스피드 학습이 아니다. 초등학교 내내 아이와 함께 터를 잡고 아이가 중학생이 되고 나서는 스스로 학습할 수 있는 자기주도학습의 바탕을 마련하기 위한 장기간의 레이스이다. 그런 장기 레이스를 유지할 수 있는 원동력이 바로 기록인 셈이다. 기록의 장점을 세부적으로 살펴보면 다음과 같다.

① 통계를 낼 수 있다.

아이의 영어 노출 시간을 재 보았다. 매일매일 기록했고, 매주 시간을 기록했으며, 매달 시간을 기록했다. 그렇게 기록하다가 아이가 말하는 시점에 아이의 노출 시간을 확인했다. 2017년 5월, 1,615시간이 채워질 때 아이는 말을 하기 시작했고, 2,351시간이 채워지던 때쯤에 아이는 말을 매우 빠르고 능숙하게 했다. 아이가 말을 능숙하게 하고 난 후로는 매일 기록은 하지만 통계를 내지 않았다. 내가 통계를 냈던 이유는 '얼마만큼의 시간이 채워져야 아이가 말을 할까?'였기 때문이다.

② 영화나 책에 대한 아이의 기호를 알 수 있다.

엄마가 고른 영화나 책이 아이의 기호에 맞는지는 중요하다. 사실 초반에는 이를 기억할 수도 있지만, 몇 달이 지나면 기억하기가 쉽지 않다. 그때 기록해 놓은 내용을 보면 아이가 어떤 영화를 좋아하고 싫어하는지 알 수 있다. 그래서 기록할 때 유독 좋은 반응이 나오면 이를 체크해 놓으면 좋다. 또 싫어하고 힘들어했던 것도 표시해 놓으면 나중에 똑같은 일이 반복되지 않는다.

읽었던 책 또한 기록해야 한다. 챕터 북이나 스토리 북은 권수가 많다. 반복하지 않고 아이가 골고루 읽을 수 있도록 하고 싶다면 기록해 두어 골고루 읽을 수 있도록 해주어야 한다.

③ 부족한 부분도 한눈에 확인이 가능하다.

기록한 내용을 보면 일주일 동안 어떤 부분이 부족했는지, 이번 달에는 왜 학습량이 많은지 혹은 부족한지 등을 알 수 있다. 나는 아이들이 아프거나 모임이 있거나 특별한 스케줄로 인해 학습을 진행하지 못할 경우에는 반드시 특이사항에 기록해 놓는다. 며칠만 지나도 왜 학습을 진행하지 못했는지 그 이유를 까먹는 기억력을 가지고 있어서다. 그리고 기록해 놓으면 한눈에 부족한 부분이 보여서 아이들과 학습에 관한 이야기를 할 때 좋았다. 부족한 부분을 짚어 주면서 얘기하면 아이들이 다음 주는 더 열심히 하겠다는 동기를 마련할 수 있었다. 또 열심히 한 부분을 짚어 주면 뿌듯해하는 아이들의 모습을 볼 수 있었다. 이런 활동이 아이들과 내가 엄마표 영어를 5년간 할 수 있었던 이유였고, 또 성공할 수 있었던 이유였다. 매일매일 5년간 꾸준히 했다는 것에 남편은 대단하다고 했다. 누군가에게 '5년간 당신이 꾸준히 한 행동이 있냐'고 질문해 보면 꾸준히 매일 무언가를 하는 사람이 있을까? 난 했다. 5년 동안 꾸준히 세 아이의 엄마표 영어교육을 진행하고 기록했다. 물론 앞으로도 계속할 예정이다.

④ 꾸준함을 유지할 수 있다.

기록이 있었기에 엄마표 영어교육을 5년간 유지할 수 있었다. 엄마표 영어를 시작한 지 단 몇 주 만에 아이를 영어로부터 자유롭게 해주는 것은 상식적으로 가능하다고 보지 않는다. 엄마표 영어는 매일 열심히 아이에게 영어를 노출함으로써 영어로부터의 자유를 실현하는 것이다. 무언가를 오랜 시간 동안 하기 위해서는 기록을 남겨야 보충하고 보완해서 더 잘, 또 더 오래 유지할 수 있다. 기록해서 중간에 멈추지 않도록 해야 한다.

기록을 하자! 매일매일! 노트에 하든, 컴퓨터에 하든 상관없다. 자신만의 방법으로 매일 기록하자!

예진 Yejin

THIS MONTH

11. November

THIS WEEK 1 2 3 4 5

¹¹/24 SUN	/25 MON	/26 TUE	27 WED	28 THU	29 FRI	30 SAT
DVD 책	DVD 책 흘려	DVD 책 흘려	DVD 책 흘려 집중듣기 DK쓰기 문제집. Reading	DVD 책 흘려 집중듣기 DK쓰기 문제집. Multiple	DVD 책 흘려 집중듣기 DK쓰기 문제집	DVD 책.

아은 Haeun

THIS MONTH

11월 November

THIS WEEK 1 2 3 4 5

¹¹/24 SUN	¹¹/25 MON	¹¹/26 TUE	¹¹/27 WED	¹¹/28 THU	¹¹/29 FRI	¹¹/30 SAT
DVD 책 독서록. 흘려. Reading	DVD 책 Reading	DVD 책 DK 집중듣기 Reading. 흘려. Multiple 독서록.	DVD 책 Reading 집중듣기 영어본문 흘려(영어책) 3권	DVD 책. DK 집중듣기 Reading 흘려 독서록. 영어본문 영어책 (흘려) 3권	DVD 책 Reading	DVD 책 흘려 Reading 독서록 영어본문 (흘려) 영어책3권 (흘려).

Jun

WEEKLY PLAN   THIS MONTH ___11.___   THIS WEEK 1 2 3 4 5

¹¹/24 SUN	/25 MON	/26 TUE	/27 WED	/28 THU	/29 FRI	/30 AT
DVD 책	DVD 책 흥련 노크 DK 집중듣기 받아쓰기	DVD 책 흥련 노크 DK 집중듣기 받아쓰기	DVD 책 흥련 노크 DK 집중듣기 받아쓰기	DVD 책 흥련 노크 DK 집중듣기 받아쓰기	DVD 책 흥련 노크 DK 집중듣기 받아쓰기	DVD 책 독서록
독서록				독서록	독서록	

돼끼맘의 엄마표 영어

date : 2019 . 11 . 19.

name: 김 하 은

☆ 하루에는 Reading에 집중! ① 집중듣기 ② 영어신문 ③ 흘린 영어듣기 3권 ④ Clifford Reading.

	Monday(11/23)	Tuesday(11/24)	Wednesday(11/25)	Thursday(11/26)	Friday(11/27)	Saturday(11/28)	Sunday(11/29)
DVD		'	제로니모 60"	2012내일 60"	힐다 30" 바이 30"	힐다 60" 제리119 30"	틴타이타 바이 60"
흘려듣기				cloud bread 30"			
독서			영어책 3권 완간 무서느 1	영어책3권 완간무서느 2.	영어책 3권 완간 무너 3.4		
집중듣기	kira-kira chapter 1.	kira-kira chapter 2	kira-kira chapter 3	kira-kira chapter 4.	kira-kira chapter 5		
reading	clifford 1Pack P-10	clifford 1Pack 11-12	Soft robot. -영어신문 clifford 2Pack 1-3	영어신문. clifford 2Pack 4-6	영어신문. clifford 2Pack 7-9		
writing							
기타학습							
맘 말							

	Monday(11/23)	Tuesday(11/24)	Wednesday(11/25)	Thursday(11/26)	Friday(11/27)	Saturday(11/28)	Sunday(11/29)
DVD			레베카짱2 20"	바비 드림하우스 30" 제로니모 20"	바비드림하우스 30" 치치와 파티에르 30"	칭구 튼튼이톤 60"	칭구 튼튼이톤 60"
흘려듣기				Cloud bread 30			
독서			그래가 그랬다.	바버렛씨와 버들 버적 외 피아케 300에 미호와 공룡이 싸우면?			
집중듣기			ARTHURS 6. (3~4)	ARTHURS 6. (5~6)			
reading			The snowman ×				
writing			3줄	3줄			
기타학습				멀티플 (1권씩)			
할 말	봐야돼요 ㅠ.ㅠ	장영 이뤄요 ㅠ-ㅠ					

	Monday(11/23)	Tuesday(11/24)	Wednesday(11/25)	Thursday(11/26)	Friday(11/27)	Saturday(11/28)	Sunday(11/29)
DVD			튼튼이톤 60" 레베카짱2 30"	제로니모 30" 튼튼이톤 60" 파워프장각 30"	튼튼이언 60"	칭구 튼튼이언스60 30"	신데이언스60 튼튼이언
흘려듣기				Aladdin 20" Cloud bread 30"			
독서		흥천(한국6. 영어15).	흥천 (한국6. 영어 5) 타현	흥천(한국6. 영어15) 2권	흥천 (한국6. 영어15)	2권	1권
집중듣기			Spongebob #4.	Spongebob #5.	Spongebob #16		
reading							
writing							
기타학습		DK- 4바퀴	DK- 4바퀴!	DK - 4바퀴(1000)	DK - 4바퀴 끝!		
할 말		장영 이뤄요 ㅠ.ㅠ	6바가 아파요.ㅠ.ㅠ 받아쓰기 100점 첫				

돼끼맘이 생각하는
엄마표 영어
-영어 영상은 정말 중요해요

01

DVD의
중요성

우리 큰아이의 가장 큰 장점은 TV를 한 번 보면 말을 시켜도 모른다는 사실이다. 남편은 나를 닮아 그런 것이라고 칭찬 아닌 것 같은 칭찬을 한다. 사실 내가 결혼 초에 시댁에 갔는데 순간 예능 프로그램에 너무 집중한 나머지 시어머님께서 말씀하시는데 듣질 못했다. 그때는 어찌나 죄송스러웠는지. 나도 모르게 어릴 적부터 결혼 전까지 TV를 보던 습관이 그만 시댁에서도 나와버렸다. 그땐 남편이 나의 그런 점을 안 좋아했다. 하지만 지금은 나를 닮아서 아이의 DVD 시청 집중도가 좋다며 좋아한다.

DVD는 우리 큰아이가 영어 공부를 어떻게 했냐고 누군가가 물어보는 질문에 대한 한결같은 대답이다. 아이도 누군가가 "너는 어떻게 그렇게 영어를 잘하니?"라고 물어보면 "저는 DVD 봐요. 집에서 매일 DVD 봐요."라고 대답한다. 얼마 전에는 친구와 엄마표 영어 상담 전화를 하는데 아이가 통화 내용을 가만히 듣더니 옆에서 "맞아. 영어로 TV를 봐야 해. 그래야 영어를 잘할 수 있어. 그냥 무조건 영어로 봐야 해."라고 맞장구를 치는 것이었다. 12살 여자아이가 자신이 영어를 잘하는 비법이 DVD라는 사실을 알고 엄마처럼 사람들에게 알려주고 싶은 것이다.

큰아이는 정말 DVD를 잘 본다. 혼자 있는 시간, 심심할 때, 화장실에 갈 때, 목욕할 때, 밥 먹을 때, 지하철을 탈 때, 자기 전에, 자고 일어나자마자 등. 정말 가능한 시간에는 모두 DVD를 보는 것 같다. 어른들이 심심할 때 TV, 드라마, 유튜브를 보듯이, 아이는 그렇게 매일매일 조금씩 채운 시간이 이제 5,000시간이 되어 간다. 5,000시간. 말이 5,000시간이지, 하루에 15시간을 잠만 자고 꼬박 보아도 1년 정도를 봐야 하는 시간이다. 아이는 이 시간을 5년 동안 열심히 채워 나갔다. 1년에 1,000시간. 하루 평균 3시간 가까이 봐야 채울 수 있는 시간이다. 큰아이 같은 경우에는 3년이 되었을 때 거의 3,000시간을 채웠고, 그때쯤 말을 본격적으로 하기 시작했다.

이 아이는 DVD로 영어를 배우고 말하게 되었고, 듣게 된 것이다. 아직도 파닉스(Phonics)●를 모르는 아이. 그러나 말은 술술 잘한

다. 이처럼 영어를 시작할 때는 파닉스를 배울 것이 아니라 DVD
를 매일 2시간 정도 보고 1시간 정도는 영어 CD로 영어 환경에 노
출을 시켜 주어야 한다.

나는 처음 나에게 엄마표 영어교육을 하고 싶다고 하시는 분들
이나 영어를 어떻게 시작하냐고 물으시는 분들에게는 항상 DVD
를 보라고 강조해서 이야기한다. 하지만 그 얘기를 듣는 사람들의
반응은 참 한결같다. '영어를 잘하길래 물어봤더니 하는 말이 TV
를 보여 주라니?'라는 반응이다. 그리고 이후의 반응은 "아……
네……."라는 대답이다. 그러고는 집에 가서 영어 영상을 보여 주
는 분은 보지 못했다. 왜일까?

엄마표 영어를 하시는 분들께 꼭 말씀드리고 강조하는 것이 돼
끼맘은 아이에게 영어 영상을 하루 1시간~2시간 정도 매일 보여
준다는 사실이다.

DVD를 보는 것은 정말 중요하다. 다른 장에서도 거론하겠지
만, 방탄소년단의 멤버인 RM의 영어 공부 비법을 들어본 적이 있
는가? 외국 유학 없이 한국에서 자란 RM의 영어 실력은 매우 뛰어
나다. UN에서의 연설도 방탄소년단의 RM이 했고, 유명 토크쇼인
〈엘렌 드제너러스 쇼(ELLEN SHOW)〉에서도 RM의 영어 실력이 입
증되었다. 방송인 전현무가 진행하는 〈TMI NEWS〉라는 프로그

● 파닉스(Phonics)는 단어가 가진 소리, 발음을 배우는 교수법이다.

램에서 뇌섹남 아이돌 2위에 랭크될 정도로 RM의 영어 실력은 이미 공공연한 사실이다. 그 RM의 영어 공부 비법은 바로 미드(미국 드라마) 〈프렌즈〉 DVD 시청이었다. 또한 〈문제적 남자〉에 출연한 뇌섹녀 윤소희의 외국어 실력 또한 대단하다. 그녀의 영어 실력은 이미 초등학교 시절에 완성되었다. 중·고등학교 때는 특별히 영어 공부를 하지 않았음에도 뛰어난 영어 실력을 유지했는데, 그녀의 비법 또한 디즈니 영화 시청이었다고 한다. 이렇게 유창한 영어를 구사하는 많은 사람을 보면 그 비법이 영어 영상이라는 것을 알 수 있는데도 아직 수많은 사람이 단순히 자녀들에게 TV를 보여 주면 안 된다는 인식하에 영어 영상을 보여 주는 것을 중요하게 여기지 않는다. 이미 증명된 수많은 사례가 있음에도 말이다. 돼끼맘은 이 점이 너무 안타깝다. 식당이나 놀이동산, 카페 같은 곳을 아이들과 다니다 보면 아이들과 함께하는 부모님들을 참 많이 만난다. 대기하는 시간에 스마트폰이나 태블릿으로 유튜브나 영상을 많이 보는 것도 목격한다. 그러면 난 또 주변 사람들에게 얘기한다. 그럴 때 한국말이 아닌 영어로 된 영상, 만화를 보여 주라고. 그런 시간을 채우면 그 시간들이 모여서 아이의 영어 노출 시간을 채운다고 말이다.

나는 아이가 처음 엄마표 영어를 시작할 때 DVD 적응에 제일 중점을 두었다. 한글로는 절대 어떠한 영상도 틀어 주지 않고, 철저하게 영어로만 틀어 주었다. 1년, 아니 적어도 2년 동안은 한글로 된 영상은 보여 주지 않았다. 처음에는 아이들이 반발했지만, 한 번 안 된다고 한 것은 절대 해주지 않는 엄마의 성격을 아는 아이들은 길게 떼쓰지 않고 바로 적응할 수 있었다. 대신 열심히 시청한 후의 포상은 아이들이 생각하는 것 이상으로 해주었다. 놀이 시간을 많이 준다든지, 문구점에 가서 아이들이 갖고 싶어 하는 작은 물건은 기쁘게 사 주었고, 간식도 주었다. 아이들에게 DVD를 보여 주기 위해서는 식사는 입에 직접 넣어 주는 서비스까지 제공해 주었다. 집중해서 보고 있을 때면 옷도 하나하나 다 입혀 주었다. 제일 중요한 DVD 시청 습관을 자리 잡게 하기 위해 나는 모든 공을 들였다. 이제는 학습하다가 조금 쉬라고 해도 아이들이 영어 영상을 볼 정도로 아이들에게 영어 영상은 편안함으로 자리 잡았다. 큰아이는 DVD를 보다가 재밌는 장면을 말로 하면서 말이 늘었고, 둘째 아이도 얼마 전에 본 〈겨울왕국 2〉에서 마지막에 올라프가 한 대사가 마음에 들었는지 "Anna die~ Elsa die~ Olaf cry~."를 연신 외치고 다녔다.

셋째 아이는 넷플릭스에서 하는 〈틴 타이탄 GO!〉를 매일 보는데, 여기에 나온 대사를 다 외우겠다며 매일 보고 있다.

아이들이 영어 영상을 보는 것이 정말 중요하고, TV 시청이 영어 습득에 큰 도움이 된다는 것은 이미 스티븐 크라센 박사가 자신의 저서인 『크라센의 읽기 혁명』에서도 언급했다. 또한, 크라센은 독서를 강조하면서도 독서를 방해하는 것은 TV가 아니라고도 했다. TV 때문에 독서를 못 한다는 명백한 증거가 없으며 TV 시청과 학업성취 사이의 부정적인 관계도 미미하다고 했다. 독서나 학습에 TV 시청이 방해된다는 증거는 없다는 것이다. 물론 여기에는 전제 조건이 있다. 2시간 이상의 시청이다. 외국어를 습득하는 데 있어서 영상이 주는 효과는 이미 많이 알려져 있다. 아이들이라고 해서 무작정 TV를 안 보여 주겠다고 한다면 그에 맞는 노출을 해 주어야 한다. 집에서 영어로 대화를 한다든지, 국제학교에 다니면서 영어에 많은 시간 노출시킨다든지 해야 한다. 그것이 아니라면 TV의 부정적인 부분만 생각하여 언어 학습 과정에서 영상을 배제하지는 말아야 한다. 언어는 학습이 아니라 습득하는 것이다. 습득을 위해서는 매일 반복적인 노출이 있어야 한다. 그 방법으로 TV나 DVD를 통한 영상만 한 것은 없을 것이다. 시간을 제한하면서 반복적인 노출로 엄마표 영어의 성공을 꿈꿔야 한다.

02

아이 수준에 정확하게 맞는 DVD는 없다

나는 엄마표 영어교육을 하면서 초기에 시작하는 분들께 영어 영상의 중요성을 계속해서 강조하고 있다. 그럼 어떤 영상을 보여 주어야 할까? 짧은 영상? 긴 영화? 디즈니? 실사? 애니메이션? 등급은 어떻게 되는가?

사실 명확하게 규정된 것은 없다!

그냥 아이가 흥미로워하는 영상을 보여 주면 된다.

① 짧은 영상을 즐겨보는 아이는 짧은 영상으로 20분마다 이야기가 마무리되는 영상을 보여 주면 된다. 예를 들면, 〈마이 리틀 포니〉, 〈베렌스타인 베어즈〉, 〈구름빵〉, 〈틴 타이탄 GO!〉, 〈벤과 홀

리의 리틀 킹덤〉, 〈바비의 드림하우스〉, 〈레이디버그〉, 〈바다 탐험대 옥토넛〉, 〈스폰지밥〉, 〈힐다〉, 〈제로니모의 모험〉, 〈꾸러기 상상여행〉, 〈파워퍼프걸〉, 〈출동! 파자마 삼총사〉 등. 지금 나열한 것들은 짧은 영상들 중에서도 우리 삼 남매가 좋아하고 즐겨보는 것들이다.

② 너무 영어를 힘겨워하는 아이에게는 〈도라 디 익스플로러〉처럼 천천히 단어도 짚어 주면서 어려운 스토리가 아닌 쉬운 영상을 보여 주는 것이 좋다. 예를 들어, 〈페파 피그〉처럼 천천히 진행되면서도 쉬운 단어가 있는 영상을 보여 주면 된다. 〈도라 디 익스플로러〉, 〈페파 피그〉, 〈벤과 홀리의 리틀 킹덤〉, 〈맥스 앤 루비〉, 〈바바파파〉, 〈리틀 프린세스〉 등이 있다.

③ 여성스럽거나 공주 영상을 좋아하는 아이들에게는 디즈니의 공주 영상을 권한다. 공주들의 이야기는 여성스러운 아이들에게 대리 만족을 시켜 주어서 더할 나위 없이 집중하게 만든다. 디즈니 프린세스 시리즈인 〈라푼젤〉, 〈인어공주〉, 〈미녀와 야수〉, 〈겨울왕국〉, 그리고 〈바비〉 시리즈도 좋다. 그리고 〈프린세스 소피아〉도 공주를 좋아하는 여자아이들은 너무 좋아한다.

④ 우리 큰아이처럼 공주를 싫어하고 귀여운 캐릭터를 좋아한 다면 일본 애니메이션인 〈이웃집 토토로〉나 〈벼랑 위의 포뇨〉 같은 귀여운 캐릭터 영상을 권한다. 〈마이펫의 이중생활〉 같은 동물 캐릭터도 좋다. 〈주토피아〉, 〈앨빈과 슈퍼밴드〉, 〈볼트〉, 〈쿵푸팬더〉, 〈마다가스카〉 시리즈, 〈썬더와 마법저택〉 등이 있다. 〈해피피트〉도 귀여운 펭귄의 이야기다.

⑤ 스릴 넘치고 으스스한 영상을 좋아한다면, 〈메리다〉나 〈크리스마스의 악몽〉, 〈쿠크하트〉, 〈몬스터 호텔〉, 〈박스트롤〉, 〈구스범스〉 등이 있다. 또 남자아이들이라면 레고 〈닌자고〉 시리즈, 〈마놀로 마법의 책〉, 〈메가마인드〉, 〈빅 히어로〉, 〈카〉, 〈레고 키마〉, 〈인크레더블〉, 〈주먹왕 랄프〉 등이 있다.

⑥ 모험심 가득한 영상으로는 〈모아나〉, 〈업〉, 〈니모를 찾아서〉, 〈팅커벨 시리즈〉, 〈눈의 여왕〉, 〈슈렉〉, 〈크루즈 패밀리〉, 〈에픽: 숲속의 전설〉, 〈굿 다이노〉, 〈알라딘〉 등이 있다.

영어 공부의 필수품! 영어 영상!

03

영어 영상을 볼 때
딴짓하면서
봐도 되나요?

영어 영상을 처음 보는 아이들은 집중도가 높지 않다. 그런데 처음 엄마표 영어교육을 시작하는 엄마들의 의욕은 높아서 아이가 영상을 볼 때 관여하고 싶고, 더 잘 볼 수 있게, 더 많이 볼 수 있게 과하게 터치하게 된다. 여기서 아이와 엄마와의 차이로 영어 영상을 보는 첫 습관이 잘못 들게 되면 엄마표 영어교육을 할 때 나중에도 계속 영향을 미칠 수 있다.

따라서 처음 영어 영상을 볼 때는 되도록 아이에게 맞추어서 진행하는 것이 좋다.

하지만 그 맞추라는 것이 아이에게 선택권을 주라는 것은 아니다. 예를 들면 "우리 내일부터 영어 TV만 볼까?"라고 묻는다거나 유튜브 볼 때 "내일부터는 영어 방송만 보는 건 어떨까?"라고 아이의 의견을 물어보라는 것이 아니다. 시작할 때는 단호하게! 대신 포상은 아이가 만족스러워할 만한 것으로! 그리고 영어 영상을 볼 때는 아이의 취향을 존중해야 한다. 그런데 아이마다 영어 영상을 보는 스타일이 다르다. 얼마 전에 친한 동생이 나에게 상담을 하면서 영어 영상을 볼 때 아이가 슬라임 놀이를 하면서 보는데 그래도 되는 거냐고 물었다.

안 될 이유가 있겠는가?

그 아이의 영상 보는 스타일이 그런 것인데 굳이 바르게 소파에 앉아서 영상에만 집중하라고 해야 할 이유가 없다. 그러면서도 아이가 듣고 있고, 또 듣다 보면 흥미가 생겨서 집중해서 볼 때도 있고, 듣다가 이해가 안 가면 화면을 보면서 그 말을 이해하게 될 것

이다. 굳이 길게 보고 가야 할 영상 노출 시간을 엄마와 아이 모두 스트레스받으면서 해야 하겠는가?

우리 아이는 레고 놀이를 하면서 보기도 한다. 오히려 집중도가 좋을 때도 있다. 슬라임 놀이를 하면서 시청하는 둘째도 있다.

영어 영상 볼 때 집중도가 유독 낮은 아이인 둘째는 슬라임 놀이를 하면서 오히려 집중도가 좋아졌다. 조금 지루할 때는 슬라임 놀이를 하면서 들으니 오히려 영상 노출 시간이 길어졌다. 그리고 그렇게 며칠 동안 보고 나니 영상 노출 시간이 그 전에 비해 2시간 이상 길어졌고 집중도도 더 좋아졌다. 딴짓한다고 해서 차단했다면 오히려 이런 성향의 아이는 영상 노출 시간을 부정적으로 생각하고 집중도도 올리기 쉽지 않았을 것이다.

자신이 좋아하는 일과 접목해서 시너지 효과를 볼 수 있다면 딴짓하면서 영상 보는 것은 언제든지 OK이다! 영상 노출 시간을 파악하다 보면 어린아이(유치원생~초등학교 저학년)는 너무 많이 봐서, 또 초등학교 고학년부터 중·고등학생은 너무 부족해서 고민이 된다. 적당한 조절은 부모의 역할이고 적당한 개입은 부모의 센스이다. 적당한 센스를 발휘하는 부모가 되기 위해 매일 노력하자. 우린 엄마표 영어를 하는 대단한 엄마들이니까!

04

영상 노출은 외국어를 습득하는 좋은 방법이다

나는 주변인들에게
자녀들의 엄마표 영어교육을 위해서는 영상 노출을 하라고 수없이 얘기하고 또 한다. 그만큼 매우 적극적으로 권한다. 그런데 왜 내 주변 사람들 중 대부분은 내 말을 간과하는 것일까?

둘째 아이가 초등학교 1학년 때, 아이는 엄마표 영어 2년 차였다. 사실 엄마표 영어를 매일 진행하면서 그 효과는 인정했으나 엄마의 역할이 너무도 중요함을 알기에 쉽게 권하질 못했다. 하지만 영상 노출만은 하도록 얘기했다.

"학원에 보내세요. 대신 집에서 영상은 영어로 보여 주고, 영어 CD는 틈나는 대로 틀어 주세요."

그런데 그로부터 3년이 지난 지금 그때 내 이야기를 듣고 정말로 열심히 보여 주고 틀어 준 엄마는 찾기가 힘들다. 또 지금의 우리 아이를 보고 나서 해야겠다고 마음먹은 주변 지인들도 3개월도 못 가서 포기하고 그만두는 사람도 많다.

『크라센의 읽기 혁명』에서도 TV가 외국어 습득에 미치는 영향은 긍정적으로 다루었다(『크라센의 읽기 혁명』은 독자 여러분도 한 번쯤 읽어 보시길 권한다).

또 방탄소년단의 RM도 본인의 영어 말하기 능력은 어릴 적에 본 〈프렌즈〉 DVD를 통해서 키웠다고 〈엘렌 드제너리스 쇼〉에서 말했다.

앞서도 얘기했지만 연기자 윤소희도 대표적 뇌섹녀인데, 〈문제적 남자〉에 출연하여 초등학생 때 본 디즈니 영화로 영어를 습득하여 중·고등학생 때는 따로 영어 공부를 하지 않아도 될 정도의 영어 실력을 갖추게 되었다고 했다.

최근 〈공부가 머니?〉라는 프로그램에서는 연기자 김정태의 아들이 6개 국어를 한다는 내용이 나왔는데, 외국어 습득의 주된 방법이 바로 영상 노출이었다.

엄마표 영어로 성공한 정말 많은 아이들도 그 바탕에는 영어 영상 노출이 있었을 정도로 영상 노출과 영어 노출의 중요성은 외국어, 즉 영어 습득, 언어 습득 시에 매번 강조해도 지나치지 않다. 이 글을 읽고 있는 부모님들도 아이가 영어를 언어로서 습득하여 활용하길 바란다면 영상 노출을 가볍게 여기지 않기를 바란다. 2년 이상 꾸준히 하여 자리를 잡게 되면 그다음부터는 아이가 편안한 마음으로 스스로 영어 영상을 찾아보게 될 것이고, 엄마가 더 이상 관여하지 않아도 될 정도의 스케줄 중 하나가 될 것이다. 영어 영상 노출은 외국어를 습득하는 데 아주 좋은 방법임을 명심하자!

05

재미없는
DVD,
바로 꺼라!

나는 아이들에게 DVD를
매일 보게 한다. 매일 보는 DVD가 재미없다면 감히 5년 동안 하지
도 못했을 것이다.

처음 엄마표 영어교육을 시작하면서 도대체 뭘 보여 줘야 할지
고민을 엄청나게 했다. 하지만 이런 고민도 사실은 한 달에 한 번
정도 볼 때나 고민할 일이다. 매일 봐야 하는데, 봐야 할 날이 얼마
나 많은데 이런 고민을 하는가! 달리 생각해 보니 고민할 게 아니었
다. 주변에 엄마표 영어교육을 하는 엄마들에게 물어보고, 그냥 한
번 골라보고, 또 TV 디즈니 채널에 나오는 것을 보면서 여러 개를
접해 보았다.

물론 그러면서 해야 할 일이 있다. 아이가 DVD를 보는 모습을 지켜보아야 한다는 점이다. 재밌는 DVD를 보는 아이를 보면 움직임도 없고 DVD에 집중해서 말을 시켜도 별로 대답하고 싶어 하지 않는다. 얼마나 재밌으면 그럴까 싶어서 뿌듯하다.

예전에 한글 영상을 볼 때는 TV에 집중하는 아이가 그렇게 불만일 수 없었다. 책도 좀 읽었으면 좋겠고, 다른 놀이를 하며 창의력도 좀 키웠으면 좋겠고, 뛰어놀며 친구들과 어울렸으면 좋겠다고 생각했다. 하지만 엄마표 영어교육을 하고 나서는 DVD에 집중하는 아이를 보면 기분이 너무 좋았고, 내가 아이의 취향을 잘 골라서 아이가 집중하는가 싶어서 나름 성취감도 생기고 기분이 그렇게 좋을 수가 없다.

하지만 그런 일이 매일 일어날 수는 없다. 어느 날은 DVD를 틀어놓아도 돌아다니며 장난치거나 다른 걸 하고 몸을 비비 꼬고 하면서 5분 이상 DVD에 집중하는 모습을 볼 수 없을 때도 있다. 그런데 엄마표 영어교육 초반에는 나도 잘 모르니 그냥 틀어놓고 "보자. 보자."를 반복적으로 말하면서 점점 화를 냈었다. 그럴 필요가 전혀 없는데도 말이다.

예능이나 드라마를 볼 때 재미가 너무 없는데도 끝까지 보는 사람이 몇이나 될까? 돼끼맘은 재미없으면 꺼버리거나 채널을 돌린다. 근데 아이들이라고 해서 그 재미없는 DVD를 끝까지 봐야 하는 이유가 있을까? 전혀 그럴 이유가 없다. 재미가 없으면 바로 *끄고*

전에 재밌게 봤던 DVD로 바꿔 줘야 한다. 이때 새로운 다른 DVD를 권했다가 그것도 재미가 없으면 아이는 가차 없이 자리에서 일어나버리기 때문에, 새로운 DVD를 시도해 보는 것은 그다지 좋은 방법이 아니다. 전에 봤던 재밌는 DVD를 봄으로써 재미없었던 DVD를 싹 잊어버리게 해야 한다. 재미를 떨어뜨리면 다시 재미를 붙이기까지는 너무 힘든 난항이 예상되므로 이 점을 꼭 명심해야 한다.

나는 얼마 전에 아이들이 몇 달째 똑같은 프로그램만 넷플릭스에서 보고 있어서 새로운 프로그램을 틀어 주었다. 나름대로는 세 아이의 취향을 고려해서 골랐다.

그런데 큰아이는 보고는 있는데 표정이 없고 둘째 아이는 자꾸 동생을 건드리면서 장난칠 궁리만 하는 듯했다. 그리고 셋째 아이는 몸을 어찌하지 못해서 비비 꼬는 것이었다. 10분 정도 보고 난 후 아이들에게 어떠냐고 물어보았다. 큰아이는 "그냥…… 볼 만해요. 재미는 그다지……."라고 했고, 둘째 아이는 "재미없어."라고 짧게 말했으며, 셋째 아이는 "난 폭력적인 건 싫은데 너무 폭력적이야." 라고 했다. 대답을 듣고 바로 리모컨을 집어서 TV를 끄고, "재미없으면 보지 마. 에이~ 엄마가 너무 재미없는 걸 골랐구나!"라고 하면서 "그냥 각자 보고 싶은 것 봐~."라고 했더니 정말 번개같이 각자 방으로 가서는 각자의 스마트폰으로 넷플릭스를 틀어서 보는 것이 아닌가. 각자 매일 보던 프로를 보면서 깔깔 웃기도 하고 움직이지도 않고 집중해서 보는데…… 그 모습을 보니 웃음이 났다. 아니, 도대체 얼마나 재밌으면 몇 번씩 돌려보면서도 저렇게 좋을까? 그리고 '아, 오늘은 실패구나. 내일은 꼭 성공해야지!'라고 생각했다.

재미가 없을 때 그 자리를 지키며 끝까지 영상을 보는 건 아이들에게 너무 큰 곤욕이다. 엄마들도 해 보면 안다. 해 보지 않고 아이들에게 강요하지 말자. DVD는 재밌게 오랫동안 보아야 한다. 계속 이어져야 하는 DVD 보는 시간이 힘들고 곤욕스럽고 짜증 난다면 길게 볼 수가 없다. 또한, 집중도도 낮아져 보는 시간에 비해 성과가 떨어질 수도 있다. 재밌는 DVD 한두 개를 여러 번 보는 것이 재미없는 DVD 여러 개를 보는 것보다 그 효과가 더 강하다.

아이들이 재미없어 한다면 과감하게 꺼버리자! 미련을 두지도 말자!

재미있어하는 DVD를 보여 주자.

06

주말에는 영어 영상 노출과 독서만 했다

주중에 열심히 일한

우리 집 가장은 주말만 되면 밖으로 나가길 좋아한다. 주중에 아이들과 못 놀아주니 주말은 아이들과 보내고 싶은데 집에서 아이들과 놀아주는 것보다 밖에서 아이들과 노는 게 더 좋은가 보다. 그래서 대부분의 우리 집 할 일 목록에 빨간 날에는 DVD와 독서만 있다.

그리고 개인적으로는 성인도 주5일 40시간 근무제가 있듯이 아이들도 휴식 시간이나 공휴일이 필요하다고 생각한다. 그래서 나는 주말과 공휴일에는 DVD와 책으로 스케줄을 정해 놓았지만, 그것도 아이들이 싫어하는 날은 강요하지 않는다. 그래야 평일에 더 열심히 그리고 오래오래 할 일을 할 수 있다는 것을 경험을 통해서 알았기 때문이다. 그리고 엄마표 학습은 엄마가 코치이기 때문에 엄마도 주말과 공휴일은 잠시 놓고 다시 에너지를 충전해야 꾸준함을 유지할 수 있다.

나와 같이 엄마표 영어교육을 시작하셨던 분이 있었다. 그분의 열정은 정말 최고였다. 근데 그분을 가만히 보고 있자면 하루도 쉬는 날이 없었다. 물론 엄마도, 아이도 열정적으로 해서 초반에는 문제가 없었다. 오히려 "우와~!" 하며 감탄할 정도로 우리 아이들보다 영어 노출 시간도 많이, 책도 많이 읽었다.

그런데 이상한 건 내가 볼 때 그들은 꼭 시한폭탄 같았다는 점이다. 불안했다. 저렇게 쉬지도 않고 하면 지치지 않을까……. 여행이나 주말에 약속이 있어도 집에 돌아오면 꼭 엄마표 영어 스케줄을 강행했다고 했다. 그런데 내 걱정이 맞았다. 아이에게는 표정이 없어졌고 엄마도 점점 지쳐 갔다. 빠른 속도로 지쳐 가더니 결국 엄마표 영어를 유지하지 못했다. 우리 엄마나 아이들도 쉬지 않고서는 절대로 오래 달릴 수 없다. 주말에는 여유도 갖고 즐기기도 하며 아이들에게 충분히 쉴 수 있는 시간을 주어야 한다.

지인 중에 여행을 즐기는 엄마가 있다. 정말 부러울 정도로 많은 여행을 하면서 아이와 행복한 시간을 보내는 엄마다. 처음에는 여행만 열심히 다니는 줄 알았다. 그런데 여행 후 돌아온 한국에서 이 엄마는 아이의 학습에도 열심이었다. 스케줄이 절대 가볍지 않았다. 하지만 아이는 너무나 행복해 보였다. 이유가 무엇이었을까?

앞서 말한 집과 비슷한 일정으로 아이와 시간을 보내는데 말이다. 그 이유는 다름 아닌 아이와의 휴식이었다. 주말에는 아이와 충분히 여행을 다니면서 에너지를 충전했다. 그리고 다양한 체험으로 아이의 호기심을 자극했고, 호기심을 해소하는 것에도 엄마는 적극적이었다. 매일의 반복적인 학습으로 영어를 잘할 수는 있지만, 영어는 길게 보아야 한다. 즉, 한 달 만에 완성할 수는 없다. 주말까지 쉼 없이 달린다고 해서 결코 좋은 학습 효과를 낼 순 없다.

주말에는 엄마, 아빠, 언니, 동생, 모두 모두 쉬자. 평일에 하고 싶었던 게임을 해도 좋다. TV 드라마를 봐도 좋다. 스트레스를 풀 만한 것이 있다면, 주말에는 스트레스를 풀고 재충전해서 평일에 다시 달릴 힘을 모아놓아야 한다.

주말까지 공부하는 엄마표 영어교육은 오래가지 못한다. 단연코!

07

스마트폰은
엄마표 영어의
학습기기

아이에게 스마트폰을 주시나요?

아이가 스마트폰을 가지고 있나요?

스마트폰을 우리는 가족 모두가 소지하고 있다. 8살 아이에게 스마트폰을 주는 것은 너무 빠른 것이 아니냐고 걱정해 주시는 분들도 있다.

얼마 전에는 책을 읽다가 이런 글을 본 적이 있다. '실리콘밸리 엘리트 집에선 노 디지털'이라는 글이었다. 맞다. 노 디지털 인간으로 살면 많은 경험을 직접 해 보고 책도 많이 읽어서 좀 더 훌륭한 인재로 자라날 수 있다는 것에는 동의한다. 하여 자녀를 그렇게 키우시는 분들께 나는 존경의 메시지를 보낸다. 하지만 솔직하게 말하면 나는 그렇게 아이를 키울 자신이 없다. 나는 스마트폰으로 친구들, 가족들과 온갖 SNS와 메시지를 주고받으면서 아이들에게는 대다수의 친구가 소지한 스마트폰을 끝끝내 사 주지 않을 용기가 없다. 그래서 그런 나를 인정하고 나와 남편은 아이들에게 스마트폰을 사주었다.

그런데 막상 사 주고 나니 사실 좋은 앱도 많고(별로 사용하지는 않지만), 무엇보다도 제일 좋은 건 아이들이 각자의 스마트폰으로 넷플릭스를 시청한다는 것이다.

그전까지는 사실 영어 영상을 시청하려면 집에서 인터넷 TV로 디즈니 채널을 보거나 DVD 플레이어를 통해서 DVD 시청을 했다. 아니면 웹사이트를 통해 다운을 받아서 컴퓨터나 USB를 연결하여 차 안에서 시청했다. 3년 가까이 이렇게 하다 보니 사실 불편함을 느끼진 않았지만, 세 아이의 스타일이 다를 경우에는 전쟁이 따로 없었다. 보기 싫은데 봐야 할 때의 표정은 정말 TV를 각 방에 놓아야 하는 건 아닌가 하는 생각까지 들게 했다. 억지로 보는 것보다 즐겁게 보아야 효과가 좋은 것이 엄마표 영어니까!

그런데 스마트폰을 각자 휴대하고 넷플릭스 애플리케이션을 다운받아서 주니 아이들마다 자기 취향에 맞는 것을 시청할 수 있었다. 또한, 이어폰을 휴대하면 식당이나 야외에서도 볼 수 있었다. 그리고 CD를 구매하지 않아도 많은 양의 영상을 접할 수가 있으니 이보다 좋을 수 없었다. 엄마표 영어교육을 시작하면서 언제

어디서든 볼 수 있는 영어 영상이 있다는 것이 너무나 행복했다. 물론 아이들과의 약속과 엄마와 아빠의 허락을 거치지 않으면 영상 시청에 제한을 두어, 시도 때도 없이 볼 수 있게 하지는 않았다. 아무리 영상 노출이 중요해도 하루 3시간 이상은 해롭다.

어쨌든 우리 가족에게 스마트폰은 단순히 게임하고 유튜브를 보는 기기가 아니라 언어 학습 기기인 것이다. 휴대가 간편하고 언제 어디서든 볼 수 있다는 장점을 가진 어학 기기!

시대가 빠르게 변화하고 있고, 아이들의 학습 형태도 변화했다. 내가 자라던 1990년대와는 너무도 다른 2010년대, 아니 이미 발을 내딛은 2020년대의 시기에는 우리 아이들이 자라는 교육 환경을 너무 디지털화되었다는 식으로 나쁘게만 볼 것이 아니라 현명하게 활용할 줄 아는 부모가 되어야 한다.

식당에 가면 영유아 아이들도 〈뽀롱뽀롱 뽀로로〉라든지 유튜브 동영상을 시청하는 것을 종종 본다. 나도 그랬고, 이제는 아이들에게 유튜브 영어 만화나 넷플릭스로 영어 영화를 보여 주자. 그 시간만 볼 수 있는 아이들에게 언어는 중요치 않다. 볼 수 있다는 사실이 중요하다.

그러나 엄마에게는 아이들이 영어 영상을 본다는 것이 중요하다. 한국어는 이미 엄마와 아빠, 형제와 친구들만으로도 충분히 듣고 익히고 있으니, 잠시 보는 유튜브 시간에는 영어 영상으로 바꾸어 주자. 디지털을 활용해서 우리가 원하는 것을 얻자. 나는 실리콘

밸리에 살고 있지 않으니, 적절하게 활용해서 내가 원하는 것을 얻으리라!

08

TV 없애려던 집에서 TV가 없으면 안 되는 집으로

　　　　　　　　　　내 아이를 좀 더 잘 키우고 싶은 마음은
나 말고도 여러 엄마들의 공통된 생각이 아닐까 한다. 나는 내 아이
가 공부 잘하는 아이면 좋겠지만, 그렇지 않은 보통의 아이더라도
세상을 살면서 좀 더 해박한 지식을 갖고 살기를 바랐다. 그런데 그
많은 정보를 아는데 방해꾼이 되는 것은 TV라고 생각했다.

　　그래서 육아 초반에는 TV를 절대 안 보고 책이나 놀이로만 육
아를 하기도 했다. 그런데 엄마표 영어를 하면서 TV는 우리 집의
필수품이 되어 버렸다. 정말 2~3개월 사이에 집 분위기가 확 바뀐
것이다.

　　그래서 그랬을까? 아이의 DVD 시청 집중력은 정말 놀라웠다.

엄마가 특별한 날에나 틀어 주었던 TV를 매일, 그것도 2시간 정도를 틀어 주니까 아이는 정말 넋을 놓고 TV를 봤다. 영어만 틀어 주고 자막도 없지만, 영상의 힘은 정말 대단했다.

그렇게 엄마표 영어 1년 차에는 오로지 영어 영상만 틀어 주었다. 딱히 어른들의 뉴스나 드라마도 집에서는 거의 안 보거나 아이를 재우고 난 뒤에야 보는 편이라 부부간의 불편함은 별로 없었다. 그리고 그전에는 남편도 아이들의 TV 시청을 반대하는 나의 의견에 감사하게도 동참하던 시기였다.

남편이 바빠서 집에서 TV 시청을 하지 못한 것도 지금 생각해 보니 도움이 되었다. 독박 육아가 이럴 땐 좋다 싶었다. 어떤 집은 남편의 반대가 TV 시청에서 많이 나타난다고 했다. 좋아하는 스포츠 프로그램도 못 보고 뉴스도 못 보는 탓에 불만이 장난이 아니라고 했다. 남편의 참여가 조금 필요한 것이 엄마표 영어인데 부득이하게 바쁜 남편으로 인해 방해꾼이 생기지 않았던 게 다행이다 싶다.

지금은 TV를 DVD 플레이어와 함께 연결해서 쓰고 있지만, 나는 엄마표 영어교육 시작 시점에 디즈니 채널과 디즈니 주니어 채널에서 언어 변경이 가능하다는 점을 처음으로 알게 되었다. 광고나 간혹 한국말 프로그램이 섞여 있기는 했지만, 한 번 설정해 놓으면 영어로 나오는 만화가 꽤 아이들에게 유익했다. 그래서 아이들이 〈소피아〉나 〈미키마우스 클럽하우스〉, 〈꼬마의사 맥스터핀스〉

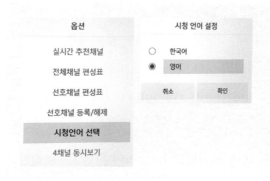

를 DVD로 나오기 전에 디즈니 프로그램을 통해서 미리 접할 수 있었다. 또한, 주말에는 간혹 유명 디즈니 영화도 틀어 주니, 일요일 아침에 늦잠 자는 엄마가 이불 안에서 안 나와도 아이들은 디즈니 영화를 보며 주말을 맞이했다. 정말 감사한 디즈니였다. 노래도 영어로 나오는데 자막이 있어서 조금 아쉽지만, 그래도 너무 만족한 케이블 TV이다.

DVD를 시청하면 좋기는 한데, 아이들도 우리처럼 취향이 있고 유행이 있는 것 같다. DVD는 디즈니에서 현재 방영하는 단편보다 조금 늦게 출시되어서 빠르게 변하는 요즘 시대에는 조금 부족함이 있는 것 같았다.

그래도 우리 아이들이 디즈니에서 〈소피아〉나 〈꼬마의사 맥스터핀스〉를 실컷 보고 다음 프로그램으로 관심이 넘어갈 때쯤에 DVD가 나오는 것을 확인했을 때는 왠지 모를 뿌듯함이라는 게 있었다. 난 이미 보여 주었다는 뿌듯함 말이다.

21세기 아이를 키우는 우리는 좀 더 빠른 무언가를 자꾸 찾아서 아이의 욕구를 충족해 주어야 하는데 그건 엄마의 정보력이 한몫한다. 점점 엄마표 영어교육을 DVD와 TV 시청으로 진행하면서 나에게 제일 중요한 것은 TV가 되었다. TV를 거부했던 부모였는데, 이제는 'TV를 각 방에 하나씩 사 놓아야 하나?', '방 하나를 DVD방으로 만들까?'라는 고민까지도 하는 부모가 되었다. 정말 극과 극의 반응이라 우리 부부도 스스로에게 놀라던 중이었다.

어느 날은 우리 귀여운 막내가 TV의 강도를 시험해 보고 싶었나 보다. 장난감과 TV 중 누가 더 단단한지를 말이다. TV를 켜는 순간 너무 놀랐다. TV 화면이 위로는 5㎝ 정도, 아래로는 다 깨져서 보이는 것이었다. 헉! 순간 TV 시청이 안 되면 엄마표 영어교육 진행에 무리가 있다는 생각에 급하게 TV를 구입하러 갔다. 다시 복구해 놓고서야 마음이 놓였다.

어쩌면 다른 부모들은 이상하게 생각할지 모를 일이지만, TV가 없다는 것은 이젠 우리 집에서는 상상도 할 수 없는 일이다. 또 어느 날은 아이들이 이렇게 말했다.

"엄마~! 디즈니가 다 한글로 나와요~."

우리 아이들은 어느 날부턴가 자동으로 한글이 나오면 채널을 돌린다(하하하). 확인해 보니 TV 옵션에서 음성 선택이 사라져 있었다. 바로 사용하는 케이블 회사에 전화해서 서비스를 받았는데,

직원들이 이 기능을 모른단다. 디즈니에 전화해 봐야 한다는 어이없는 답변만 했다. 아이들은 속상해했다. 왜냐하면 바로 엘레나의 새로운 에피소드가 처음 방송하는 날이라 이날만을 손꼽아 기다렸기 때문이다. 아이들이 속상해하면 정말이지 엄마 마음은 더 속상한 것 같다.

그래서 서비스 직원에게 알아보고 문의하기 시작했다. 또 이럴 땐 없던 집요함이 생긴다. 전화 상담 직원에게 담당자를 바꿔 달라고 요구했고, 그 직원에게서 전화가 왔는데 담당 소프트웨어 직원도 이 옵션을 모른다고 했다. 아니, 이런 좋은 기능은 대체 누가 만들었고 왜 교육하지 않은 거지? 결국 직원이 알아보더니 내 말이 맞다는 것에 놀라고 그런 옵션이 있음을 확인하고 셋톱박스 교체를 했다. 셋톱박스를 교체하는 직원마다 이런 옵션이 있다는 것을 모르고 있었는데 나는 모두가 모른다는 것이 더 신기했다. 아주 좋은 기능인데 말이다.

한 가지 나의 바람이 있다면 디즈니뿐만 아니라 실사 영화를 볼 수 있는 다른 채널도 이런 언어 변경 옵션이 있으면 좋겠다는 것이다.

핀란드를 아는가? 핀란드는 국·공립학교 졸업 후 영어는 기본이고 두세 종류의 외국어를 구사하는 아이들이 많다고 한다. 어떻게 국·공립학교만 졸업하고도 영어에서 자유로울 수 있을까? 우리나라에서는 고등학교 졸업까지 12년을, 아니 유치원까지 하면 15년 이상을 해도 안 되는 게 영어인데 말이다.

핀란드는 EBS 같은 어린이 교육 채널에서 방영하는 어린이 만화도 미국에서 들여오면서 번역하지 않고 그냥 방송으로 내보낸다고 한다. 그렇게 하다 보니 아이들이 굳이 찾지 않아도 TV만 틀면 영어 방송을 자연스럽게 접할 수 있고, 그만큼 영어를 듣는 시간이 늘어난다. 우리나라도 굳이 더빙하지 않고 영어 원본으로 방송을 하면 좀 달라지지 않을까? 엄마표 영어교육을 하는 엄마들이 더 많아져서 꼭 이루어졌으면 하는 부분이다.

본의 아니게 TV 수리하시는 분이나 케이블 수리 직원의 방문 때 이 부분을 참 많이 어필하는데, 그냥 듣고 흘리시나 보다. 그리고 직원분들에게 얘기했다. 집에 아이가 있으시다면 꼭 디즈니 채널의 언어 변경 기능을 이용하시라고! 하고 계시는지 모르겠다. 요즘은 TV가 아니어도 휴대용 DVD도 있고 스마트폰이나 학습 기기 등 다양한 기기로 영어 DVD를 본다. 그래도 돼끼맘 집에서 TV의 존재는 여전히 중요하다. 기본이니까!

09

넷플릭스 활용 전과 후의 변화

넷플릭스를 아는가? 요즘 영어교육에 관심이 있다면, 특히 엄마표 영어교육에 관심이 있다면 넷플릭스를 적극적으로 활용하는 것을 추천한다.

넷플릭스를 활용하기 전에는 DVD를 많이 구매했다. 왜냐하면 외부에서 빌려오다 보면 아이가 바로 원하는 것을 볼 수 없어서 답답함을 느꼈기 때문이다. 그래서 열심히 다운로드나 DVD 구매에 열을 가했다. 그래서 집에 한두 개씩 생긴 것이 이렇게 늘었다.

그렇지만 아이들과 엄마표 영어를 진행하다 보니 또 다른 문제가 있었다. 아이가 셋이서 원하는 영상이 다르다는 것이었다. 그러다 보니 컴퓨터와 휴대용 DVD 기기를 총동원하게 되었다. 그렇게

열심히 틀어 주던 중에 남편이 넷플릭스를 알려주었다.

남편은 처음에는 별 관심이 없었으나 요즘은 나보다 더 엄마표 영어의 환경 변화에 예민하고 나보다 변화하는 것에 적극적이어서 더 좋은 환경을 제공하기 위해 열심이다.

그런 남편이 알려준 넷플릭스는 정말 환상적이었다. 그 이유는 스마트폰으로 아이가 원할 때마다 어떤 프로그램이든 다 볼 수 있었기 때문이다. 소유한 DVD보다 더 많은 양의 영상을 제공해줄 뿐만 아니라 형제들이 다툴 필요가 없었다. 태블릿으로 보는 아이, TV와 연동하여 보는 아이, 스마트폰으로 보는 아이까지 각자의 스타일로 원하는 영상을 보았다. 그러다 보니 집중도가 낮았던 둘째 아이의 집중도가 꽤 많이 상승하는 효과가 있었다. 언니와 동생 사이에서 본인이 원하는 영상을 자주 양보하던 아이가 자기가 원하는 영상을 양보하지 않아도 되니 편안하게 시청하는 것이었다. 그러니 저절로 그 시간이 늘고 보는 내내 집중도도 상승했다.

엄마표 영어교육을 하는 나로서는 그야말로 "hooray~!"였다.

지금도 우리 집 아이들은 아침에 일어나자마자 침대 위에서 넷플릭스를 보며 아침을 맞이한다. 추운 겨울의 침대 밖은 위험하다면서 이불속에서 기지개를 켜며 영상을 한 시간 정도 시청한 후 배고픔에 슬그머니 기어 나온다.

요즘 블로그에 넷플릭스 추천 영상을 올리고 있는데 반응이 아주 뜨겁다. 우리 큰딸이 재밌게 본 영상의 조회 수가 엄청 높다. 이제는 엄마표 영어교육을 하는 많은 엄마가 넷플릭스를 많이 애용하는 듯하다. 머지않아 디즈니에서 넷플릭스와 같은 앱을 오픈한다고 한다. 엄청나게 기대하는 중이다. 디즈니의 영화나 단편들이 넷플릭스에 없어서 아쉬움이 조금 있었는데 이제는 그 부분도 해소될 예정이다. 또 한 가지 더 바라자면 카툰이나 투니버스에 있는 많은 애니메이션이 나왔으면 하는 바람이다. 필리핀에서 본 애니메이션들을 한국에서는 볼 수 없어서 아쉬워하는 우리 아이들이 더 크기 전에……

돼끼맘이
놀란
흘려듣기 효과

01

흘려듣기란?

CD나 DVD를 틀어놓고 다른 일을 할 때, 우리의 귀는 듣고는 있지만 소리에 집중하는 것은 아니고, 몸은 다른 행동을 하면서 소리만 듣는 것이다. 마치 배경음악처럼 말이다. 이것이 바로 흘려듣기다.

그렇다면 왜? 흘려듣기를 해야 할까? DVD를 집중해서 보는 것도 아니고, 책을 읽는 것도 아닌데 과연 도움이 될까?

'1만 시간의 법칙'을 아는가?

어떤 분야의 전문가가 되려면 최소한 1만 시간 정도의 훈련이 필요하다는 법칙이다.

영어 영상을 매일 3시간 정도 아이에게 보여 주는 것은 부모로서 부담스럽다. 보통의 육아서를 보아도 영상을 하루 2시간 이상은 보여 주지 말라는 내용을 쉽게 볼 수 있다. 그러니 영어교육을 한다고 영상을 3시간 정도 보여 주는 것은 사실 내키지 않는다.

아이가 영상만 2~3시간씩 본다면 엄마 입장에서는 '교육이라고는 하지만 괜찮을까?', '영상을 너무 많이 보지는 않나?' 하는 고민에 빠지게 되는 것이다.

그렇다면 어떻게 매일 3시간씩 영어교육 시간을 채울 수 있을까?

바로 흘려듣기를 통해서 매일 3시간을 채우면 된다.

또한, 아이들이 커 갈수록 영상을 볼 수 있는 시간이 별로 없다. 내가 자녀를 키워 보니 초등학교 4학년 때쯤부터는 아이의 영상 노출 시간이 많이 없다. 그 이유는 아이가 크다 보니 친구들과 어울리는 시간도 생기고 다른 학업 부분도 신경 써야 하기 때문이다. 따라서 아이가 클수록 영상 노출은 생각보다 쉽지 않다. 그럴 때 흘려듣기는 영어 노출의 서포터로 많은 도움이 된다.

흘려듣기는 어떻게 하면 될까?

처음 흘려듣기를 하는 경우, 아이들은 소음으로 느낄 수 있다. 들어 보지 못했던 소리가 나오기 때문에 적응하지 못해 불편함을 얘기하는 경우가 종종 있다. 한 번은 이런 일이 있었다.

첫째 아이의 친구들이 우리 집에 놀러 온 적이 있었다. 엄마표 영어교육을 하고 있었고 집에서 놀 때는 영어 CD를 항상 틀어놓았기 때문에 그때도 평상시와 다름없이 흘려듣기를 하고 있었다. 그런데 아이 친구들 중 한 명이 나에게 와서 "이모. 시끄러운데, 저것 좀 꺼 주시면 안 돼요?"라고 말했다. 왜 그랬을까?

훈련이 안 된 친구들에게 영어 CD에서 나오는 소리는 소음일 뿐인 것이었다. 영어는 한글이나 일본어에 비해 음역이 높다. 그래서 평소에 듣지 않던 영어 소리는 그 아이에게는 소음으로 여겨져 놀이에 방해가 되었던 셈이다.

처음 흘려듣기를 한다고 거실에 영어 CD를 틀어놓으면 아이가 자꾸 방에 들어가서 논다. 아마도 이런 이유에서였지 않았을까?

엄마들은 어떨까? 궁금하면 한번 해 보는 것도 좋다. 나는 엄마표 영어교육을 할 때 아이의 반응이 이해가 안 간다면 나 스스로 똑같이 해 보았다. 내가 좋아하는 엄마표 영어 선생님도 이 방법을 적극적으로 권하셨다. 아이들이 하는 대로 영어 CD를 틀어놓으면 사실 좀 거슬리는 것도 있다. 그러나 만약 클래식을 많이 듣는 엄마라면 그렇지 않을 수도 있다. 클래식과 영어의 음역은 비슷하기 때문이다.

이처럼 아이에게 시키려는 모든 것을 스스로 먼저 해 보면 아이의 행동이 이해가 팍팍 된다.

음역이 다르다는 게 무슨 소리일까?

영어는 보통 2,000~12,000Hz의 주파수를 가지고 있고, 한국어는 500~2,000Hz의 주파수를 갖고 있다. 수치상으로 봐도 한국어

보다 영어의 소리 음역이 높다. 영어는 우리가 평상시에 태어나서 부터 들은 한국어보다 소리 음역이 높아서 소음처럼 들리는 것이다.

모든 것에는 훈련과 연습이 꼭 필요하다고 생각한다. 우리 아이에게는 늘 아이가 무언가를 할 때 힘들어하면 이런 이야기를 해왔다. 모든 것에는 연습이 필요하고 처음부터 잘하는 건 없다고. 그러니 참고 연습해야 는다고.

엄마표 영어도 마찬가지다. 나는 엄마표 영어교육을 하면서 처음에는 어색하고 영어 CD를 트는 것이 습관이 안 되어서 잊어버린 적이 많다. 그러면 꼭 잠자리에 들 때쯤 기억나서 '아~! 오늘도 잊어버렸네.'라고 생각하며 잠든 적이 많았다. 하지만 지금은 습관처럼 일어나면 틀고 식사할 때도 튼다. 이젠 버릇이 되어 버렸다.

처음부터 좋아서 엄마표 영어를 잘 따라오는 아이는 많지 않다. 아니, 거의 없다고 본다.

엄마표 영어를 성공하기 위해서는 엄마의 끈기가 필요하다.

흘려듣기는 ① 아이들이 놀 때, ② 아이들이 밥 먹을 때, ③ 아이들이 잠들 때 기억하고 틀어 주는 습관을 들여야 한다.

이건 아이가 스스로 할 수 없는 것들이라 엄마가 해야 하는 엄마표 영어의 기본 습관이다.

엄마의 '흘려듣기를 매일 틀어 주는 훈련!'

이것이 아이의 귀를 영어로부터 자유롭게 해주는 길이다.

02

돼끼맘은 흘려듣기를 이렇게 했다

처음 흘려듣기를 할 때는 별거 아닌 거로 생각하지만, 막상 해 보면 습관이 들지 않아서 놓치기 쉽다. 하지만 흘려듣기만큼 영어 노출 시간을 늘려주는 것도 없다. 앞서도 얘기했지만, 1만 시간을 더욱 빠르게 채우고 또 영어 노출 시간을 채워 아이가 빨리 말하기를 바란다면 흘려듣기를 열심히 해야 한다.

내가 처음 엄마표 영어교육을 시작한 것은 아이가 초등학교 1학년 때였다. 그때 내가 가진 영어 자료라고는 아이의 유아기에 무언가에 홀린 듯이 구매한 한솔에서 나온 영어책들뿐이었다. 보통은 유치원에서 한 달에 한 번씩 영어 시간에 배운 책과 CD를 집으로 보내 주는데, 우리 아이가 다닌 유치원은 영어교육을 안 하는 곳이기에 그마저도 없었다. 그래서 나는 한솔에서 구매한 ORT와 한솔에서 한글 동화책을 사고 받은 뮤지컬 영어 명작 CD, 그리고 『구름빵』 영어책 CD를 열심히 틀어 주었다. 그리고 셋째 아이의 어린이집에서 받아온 영어책에 동봉된 CD를 틀어주었다. 그렇게 집에 있는 것과 DVD로 흘려듣기를 해주었다.

만약 오늘 영상을 한 시간 정도 보여 주었다면, 흘려듣기는 2시간을 들려주었다. 반대로 영상을 2시간 보았다면 흘려듣기는 1시간을 해서 하루 영어 노출은 3시간이 되도록 했다. 시간은 아이가 아침에 일어나서 잠들 때까지 시간이 될 때마다 틀어 주었다. 아침

에 등원, 등교 준비할 때 틀어 주기도 했고, 아침 식사하면서 틀어 주기도 했다. 아이가 돌아와서 친구랑 집에서 논다고 하면 노는 시간에도 틀어 주었다. 저녁 식사 시간도 놓치지 않았다. 내가 실제로 해 보니 흘려듣기는 식사 시간과 잠자기 전의 시간이 제일 규칙적이면서 좋았다. 단순한 흘려듣기가 아니라 복습이라 생각하면서 들어서 더 효과가 좋은 듯했다.

처음엔 노래 CD도 틀어 주었다. 디즈니 영화가 아이들에게 친숙해서(TV로 디즈니 주니어나 디즈니 채널을 많이 보다 보니) 디즈니 OST를 틀어 주기도 했다. 처음에 이야기만 틀어 주면 지루해하는 듯해서 처음 엄마표 영어교육을 시작할 때는 노래 위주로 많이 틀어 주었다.

그리고 노부영 CD도 틀어 주었다. 이 정보는 친한 언니가 추천해 주었다. 예전에 아이들이 어릴 때 문화센터에서 듣던 교육용 CD 같은 느낌이었다. 그래도 아이들이 반복해서 차 안에서 들었더니 반응이 나쁘지 않아서 오랜 시간 동안 차 안에서 들었다.

흘려듣기가 익숙해진 후로는 그날 공부한 집중 듣기 책 CD를 이용하기도 했다. 어느 정도 이야기도 되고 아이가 집중 듣기를 했던 책이라 이야기를 이미 알고 있어서 그런지 받아들이는 것도 좋았다. 잠자리에서 틀어 주면 집중 듣기를 두 번 시키는 느낌이라 집중 듣기를 한 번 하는데 따르는 아쉬움도 보완할 수 있었다.

또는 영화 DVD를 소리만 틀어 주기도 했다. 요즘은 아이가 많이 보았던 DVD를 식사 때나 잠잘 때 틀고 잔다. 많이 본 만화는 나름대로 장면이 상상되니 좋아하는 눈치였다. 영상이 없으니 단어를 더 집중적으로 듣는 것 같아서 나도 아이가 DVD 틀어 놓고 자도 되냐고 물으면 좋은 생각이라며 칭찬해 주었다.

03

돼끼맘도
놀란
흘려듣기의 효과

흘려듣기를 실제로 하면서

'흘려듣기가 과연 효과가 있을까?'라는 의문이 들었다. 사실 그냥 듣는 것 같지도 않고 내 노력에 비해 아이는 관심도 없는 것 같았다. 눈으로 확인할 길도 없고, 그렇다고 흘려듣기인데 흘려듣는 내용을 구체적으로 질문하기도 좀 그랬다. 그래서 확인할 길이 없으니 이게 효과가 있는 것인지 의심은 살짝 들었지만, 내가 TV를 틀고 설거지를 하면 집중해서 보진 않아도 드라마 OST나 프로그램에서 나온 말이 온종일 생각날 때가 있다는 사실을 떠올렸다. 그럴 때 보면 아이도 어느 한 문장, 한 단어 또는 노래 한 소절이라도 생각나겠지 하면서 열심히 틀어 주었다.

하지만 엄마표 영어교육을 하노라면 인내심이 필요하다. 단어 암기하고 시험을 보면 바로바로 성취수준이 눈으로 보이겠지만, 말하고 듣는 것, 특히나 듣는 것은 확인할 길이 없고 한참 후에야 효과를 보고 문득 아이에게서 반응이 나오기 때문에 엄마는 기다려 줘야 한다.

그래서 나도 적금 넣고 그 통장이 있는지 잊어버리고 있다가 나중에 확인하고 놀라는 것처럼 생각하고 아이에게 계속 틀어 주었고 분기별로 또는 한참 지난 후에야 나오는 아이들의 반응에 놀라워했다.

어느 날은 아이가 DVD로 봤던 것을 흘려듣기로 틀어 놓고 있었는데, 아이가 다음 대사를 느닷없이 말하는 것이었다. 사실 아이가 듣고 있는 줄도 몰랐는데 다음 대사를 정확히 억양과 발음까지 똑같이 하는 것을 보고 놀랐다. 너무 놀랍고 반가워서 '아~! 흘려듣기가 이런 거구나!'라고 생각했다. 아이에게 "듣고 있었어?"라고 물어보니 "응. 이거 내가 엄청나게 좋아하는 부분이야."라고 대답했다. 이런 반응이 나오면 또 며칠은 열심히 흘려듣기에 집중해서 틀어 주게 되었다.

어느 날 저녁 식사하면서 〈스폰지밥〉 CD를 틀어 놓았다. 그랬더니 아이가 "엄마. 다른 CD 틀어도 돼요?"라고 물었다. 왜 그러냐고 물어보니 이 이야기는 너무 재미없다고 했다. 재미없는데 엄마가 며칠째 틀어 줬다며……. '아. 내가 이 CD를 며칠 동안 내내 틀었구나.' 사실 귀찮아서 의식도 없이 CD 플레이어에 있는 CD를 그대로 두고 계속 재생 버튼만 누르기도 했다. 틀어 주는 건 이제 제법 습관이 들었는데 CD를 매번 바꾸기는 사실 귀찮을 때가 좀 있다. 그래도 열심히 틀어 주는 게 어디야.

또 어떤 날에는 흘려듣기를 하면서 놀고 있는데 아이가 이야기에 나오는 부분을 연속으로 계속 따라 하는 것이었다. 더 깜짝 놀란 것은 아이가 놀이를 하면서, 연속으로 따라 하고 있다는 것이었다. 우리가 노래를 들으며 아무 생각 없이 흥얼거리면서 설거지하듯이 아이는 연속으로 따라 하면서 놀이를 하고 있었다. 이럴 때면 영상으로 기록하고 싶은데 놀란 나는 꼭 타이밍을 놓치고 만다.

이렇게 가끔 아이들의 반응을 보면 흘려듣기도 열심히 해야 하는 이유가 생기는 것이다. 그러니 놓치지 말고 오늘도 열심히 흘려듣기에 신경을 쓰는 것이다.

오늘 놓쳤다면 내일이라도, 아니 지금 당장이라도 흘려듣기 CD를 틀어 주자. CD가 없다면 스마트폰으로 최신 애니메이션의 OST를 틀어 주는 것은 어떨까?

흘려듣기는 영상 보기 시간으로 노출 시간을 못 채웠을 때 아이들에게 해주는, 부담은 없으면서 효과는 있는 보충 수업 같은 것이다!

돼끼맘도
어려운
영어 원서

01

집중 듣기란

집중 듣기란 말 그대로 책을 '집중해서 보는' 것이다. '집중해서 본다는 것'은 책의 음원을 틀어 놓고 글자를 음원과 함께 보는 것이다.

이렇게 하면 글자를 익히는 데 도움이 되고 자연스레 글자를 습득할 수 있게 된다. 음원과 함께하다 보니 글씨의 발음을 익힐 수 있고, 단어의 정확한 발음도 알 수 있다. 연음 처리되는 부분도 글씨와 함께 확인이 가능하다. 그리고 이 모든 걸 아이에게 설명 없이 이해하도록 할 수 있다.

집중 듣기 책은 처음에는 가벼운 한 줄짜리 책으로 하는 것이 좋고 점점 글밥을 늘려 가면 된다. 나중에 글자를 깨우쳐도 집중 듣기로 책을 읽는 것을 권한다. 아이는 중학생이 되어서야 직접 읽는 것과 듣는 것이 비슷해진다고 한다. 그래서 한글책도 초등학생 때까지는 부모가 읽어 주는 것이 좋다(물론 고학년 아이에게는 책을 읽어 준다는 것이 어색할 수도 있으나 내가 실제로 해 보니 아이가 생각보다 너무 좋아했다). 영어도 음원이 있다면 들으면서 책을 보는 집중 듣기를 꼭 하자.

02

영어책
시작

영어책은 언제부터 읽혀야 할까?

독자 여러분도 궁금할 것이다. 나도 처음에는 하나하나가 참으로 궁금했다. 그런데 이렇게 생각해 보면 편할 것이다.

아이가 태어나서 책을 언제부터 보여 주기 시작했나? 혹시 글씨를 읽을 수 있을 때까지 기다렸나? 아이가 글씨를 익힐 때까지 기다렸다가 책을 보여 주는 부모님은 없다. 나도 마찬가지였다. 태어나서는 무슨! 배 속에 있을 때부터 태교 동화를 읽어 주고 아이가 태어나서도 동화책을 읽어 주고 기어 다닐 때도 헝겊 책이라는 것을 손에 쥐여주며 읽어 줬다. 그뿐인가? 목욕할 때도 방수 책을 넣어 주었다. 그 안에 그림과 글씨가 있는 방수 책 말이다. 목욕하면서 아이가 펼치면 읽어 주고 의성어, 의태어를 써 가면서 열심히 읽어 주었다.

영어책은 아이가 읽을 수 있을 때 읽혀야 한다고 생각하는가? 아니다. 영어책도 마찬가지다. 아이가 영어를 접하기 시작했다면 아주 기본적인 단어만 들어 있는 책도 보여 주고, 또 짧은 명사와 동사 두 개만으로 구성된 책도 보여 주고, 한 줄짜리 책도 보여 주면서 단계를 높여 가면 된다.

영어책 읽기 단계에서는 아직 아이는 혼자서 책을 읽을 수 없다. 얼마 전에 읽은 『크라센의 읽기 혁명』에서는 아이들은 중학생, 즉 15세쯤은 되어야 읽으면서 이해하는 속도와 들으면서 이해하는 속도가 같아진다고 했다. 스스로 읽어서 이해하는 능력이 아직 충분하지 않은데 스스로 읽기를 바라면 안 된다. 충분히 듣는 독서로 실력을 쌓아야 한다. 영어를 잘하는 엄마들은 직접 읽어 주면 되고, 나처럼 영어를 잘하지 못하는 엄마들은 오디오를 통해서 들려주면 되니 너무 크게 걱정하지 않고 시작해도 좋을 것이다. 그리고 잘 못 읽어 준다거나 발음이 나처럼 다소 좋지 않더라도 아이가 영어를 잘 알아듣기 전까지는 엄마가 최고의 영어 선생님이니 걱정할 필요 없다! 그리고 아이가 영어를 잘 알아들을 때는 엄마의 발음도 감안하면서 스스로 알아들으니 더욱더 걱정하지 말고 읽어 주자! 나는 요즘 아이에게 발음을 지적받으면서 책을 읽어 주고 있다. 어떨 때는 자존심이 상해서 "네가 읽어!"라고 유치하게 말하기도 한다.

DVD로 영어를 친숙하게 만들고 아이에게 듣기 훈련을 시켜주면 상황에 맞는 단어들을 접할 수 있다. 그렇게 영어에 대한 거부감을 없애고 흥미를 가져다 주었다면 이제는 책으로 글씨에 대한 거부감도 없애고 영어 철자에 익숙하게 해줘야 한다. 많이 들어 본 아이가 잘 읽을 수 있고, 많이 읽어 본 아이가 잘 쓸 수 있다. 우리는 이런 사실을 잘 알고 있음에도 이상하게 영어에서는 이렇게 하지 않는다. 난 이런 기본적인 사실에 입각해서 성실하게 아이를 가르쳐 왔다.

우리가 아이들에게 한글책을 읽어 주던 때를 기억하는가? 아니면 현재 아이가 4~5세라면 아이에게 책을 읽어 줄 때 어떠한가? 영어책이 고민이 될 땐 한글을 어떻게 했는지 생각해 보면 도움이 된다. 한글이나 영어나 모두 언어이기 때문이다. 우리는 영어라는 한글과는 또 다른 '언어'를 가르치고자 하는 것이다.

나는 짧은 동화책부터 읽어 줬다. 책도 정말 엄청나게 많이 샀다. 첫아이가 태어나서 6개월부터 맞벌이를 했는데 그때 내가 번 돈은 모두 책을 사는데 썼다. 집 안을 책으로 가득 채워 주고 싶었다. 다행히 아이도 책을 거부하지 않고 좋아했다.

짧은 단어가 있는 책을 읽어 줄 때면 손가락으로 가리키면서 따라 하기도 하고, 아이가 좋아하는 그림책은 몇 번이고 읽어 줬다. 아이가 "또~! 또~!"라고 외치니 안 읽어 줄 수가 있겠는가? 그리고 그렇게 읽어 주다 보면 글자를 아직 모르는 아이가 외워서 책을 읽기도 했다. 책을 읽는 것이 아니라 책을 외워서 말하는 것이지만. 그때 나는 그런 행동도 너무 기뻐서 뽀뽀를 몇 번이나 했는지 모른다.

영어책도 마찬가지라고 생각한다. 영어책을 읽어 주려고 집 안을 찾아보니 어린이집에서 배웠던 영어책이 몇 권 나왔다. 그래서 집에 있을 때면 CD도 틀어 주고 책도 보여 주었다. 다행히 틈만 나면 어린이집에서 가져온 영어책 CD를 틀어준 터라 아이들이 책을 볼 때 힘들지 않았다. 둘째 아이는 셋째 아이가 가져온 CD와 책을 흥미롭게 봤다. 왜냐하면 둘째 아이는 유치원에서 영어를 안 배워서 셋째 아이가 가져온 책이 너무나 흥미로웠던 것 같다. 큰아이는 어릴 때 보던 영어 아기 책을 보면 쉽다는 듯한 제스처도 취했다. 그렇게 아이들의 반응을 하나씩 볼 때마다 엄마표 영어교육을 하길 잘했다는 생각이 들었다. 학습하는 책도 옆에서 앉아서 같이 눈으로 따라가며 보니 집중력을 가지고 보았다. 나는 영어를 언어로 알려 주고 싶었다. 하나의 공부 과목이 아니라 우리가 실제로 사용할 수 있는 언어로 가르쳐 주고 싶었다. 그러니 영어책도 한글책 보듯이 봐야지 재밌게 볼 수 있다. 시험을 보기 위한 교육이 아니라, 학원에서 배운 책 말고는 못 읽는 아이가 아니라 자신이 읽고 싶은 책을 잘 읽을 수 있게 해야 한다.

얼마 전에는 『하루 15분 책 읽어주기의 힘』이라는 책을 읽었다. 책 읽어주기의 목적은 아이가 혼자 읽을 수 있도록 하는 것이라고 했다. 영어책도 혼자 읽기 위해서는 열심히 읽어 줘야 한다. 하지만 난 영어를 잘하지 못하니 읽어 주는 것 대신에 잘 들려주는 방법을 선택했다. 지금 큰아이는 여전히 책은 CD로 읽고 있다. 하지만 이젠 그림책이 아닌 챕터 북을 읽고, 소설이나 논픽션도 읽는다. 잘 들려주는 것도 중요하다. 엄마가 못해도 상관없다. 요즘은 스마트 폰으로도 다양한 방법으로 영어를 들려줄 수 있으니까. 『하루 15분 책 읽어주기의 힘』의 저자도 아이가 13~14세가 될 때까지는 책을 읽어 줘야 한다고 했다. 하물며 영어를 이제 막 배우기 시작한 아이에게는 혼자 읽으라고 하면 안 된다. 책의 글씨를 보면서 귀로 듣는 것을 집중 듣기라고 하는데, 아이와 함께 그림책을 보고 짧은 한 줄 또는 두 줄짜리 책부터 시작해도 좋을 것 같다. 아이가 몇 년 후에 혼자 읽을 힘을 갖기 위해서는 집중 듣기를 열심히 하면 된다.

나도 처음에는 왠지 글씨가 많이 있는 것을 읽어 줘야 할 것 같고 내가 영어를 잘하지 못하니 읽어 줄 수 없어서 고민도 많이 했다. 영어를 잘해야 '아! 이 책은 단어가 쉬우니 읽게 해야지.', '아! 이 책은 표현이 아이들이 이해하기 적절하니 좋겠다.', '아! 이 책은 좀 더 많은 의미가 있으니 좋겠다.'라는 판단이라도 할 텐데, 나는 그렇지 못했다. 또한 나는 엄청 적극적이지도 않아서 미리 읽어 보고 번역해 보고 검색해서 책을 읽게 하는 엄마도 아니었다. 그러니 고민은 많고 어렵기만 했다. 어떤 책부터 읽어 줘야 하는지도 잘 몰라서 정말 미치고 팔짝 뛸 노릇이었다. 하지만 요즘은 엄마표 영어 교육이 많이 알려지고 관심이 높아져서 관련 책에 대한 정보도 많아졌다. 조금만 검색해 보면 추천 도서도 금방 볼 수 있다. 그래서 요즘은 아이들이 집중 듣기 했던 책과 비슷한 책, 수준이 비슷한 책을 검색해서 도서관에서 대여해서 학습하고 있다. 정말 정보가 넘쳐나는 시대에 사는 것에 감사할 뿐이다.

책은 인터넷으로 충분히 고민해 보고 주변 도서관이나 중고 사이트를 이용하는 것이 좋다. 또는 새 책은 인터넷과 서점을 이용하면 된다. 나는 요즘 도서관과 중고 책을 많이 이용하는 편이다. 엄마표 영어교육을 하는 많은 분이 열심히 공부한 후 중고 책을 많이 팔고 있어서 우리가 공부해야 할 책을 쉽게 고를 수 있다.

책 읽기. 한글책이든, 영어책이든 읽고 싶은 책을 읽는 아이의 모습을 상상하면 너무 뿌듯하고 행복하지 않을까? 난 영어를 잘하지 못해서 유명한 영어 소설이 읽고 싶으면 한글로 번역된 책을 보는데, 아이는 몇 년 후에 원서를 읽는다고 생각하니 마음이 벌써 뿌듯하다. 그런 날이 온다면 얼마나 기쁠까. 그 기대감과 뿌듯함으로 오늘도 돼끼맘은 엄마표 영어교육을 열심히 하고 있다.

03

영어책,
어떤 책으로
시작해야 할까?

아무 정보도 없고 잘 모르는 상태에서 처음 엄마표 영어교육을 시작하고 들어간 엄마표 영어 학원에서는 첫 책으로 『클리퍼드(Clifford)』라는 책을 권해 주었다. 엄마표 영어 교육을 처음 시작하는 분들이라면 이 책은 얇고 여러 권으로 나누어져 있어서 좋은 책이 될 것이다. 우리 아이들은 아직도 『클리퍼드』를 좋아한다. 첫 책이라는 애틋함도 있고, 이 책의 주인공이 강아지라는 점도 아이들의 마음을 사로잡았다. 강아지를 싫어하는 아이는 거의 없을 것이다. 책의 주인공인 빨간 강아지 클리퍼드는 아이들이 사랑하는 강아지 캐릭터라 모든 아이가 관심을 갖기 때문에 시작용 책으로 좋다. DVD든, 책이든 흥미를 유발해야 지속해

서 교육을 이끌어 나갈 수 있다.

이 책은 총 6권씩 6팩(pack)으로 이루어진 책이다. 1팩은 간단하게 한 단어로 되어 있고, 등장인물과 동물들의 소개로 이루어져 있다.

2, 3, 4팩으로 갈수록 글씨도 많아지는데. 매일 한 권씩 해도 좋고 세 권씩 해도 좋다. 아이가 초등학생이라면 여섯 권씩 하면 좋을 것이다.

4팩과 6팩의 사진을 보면 점점 글씨가 많아지고 길어지는 것을 볼 수 있다. 이 책은 듣기가 어느 정도 되면 리딩(reading) 책, 즉 읽기용 책으로 활용해도 좋다. 아이도 첫 책이라 오히려 읽을 때 거부감도 없었고 내용도 생각해 내서 읽기가 수월했던 기억이 있다. 읽기에서도 흥미를 빼고 진행한다면 책에 거부감을 일으킬 수 있다. 책 읽어주기의 목적은 혼자 읽기라는 것을 앞에서도 이야기한 바

있다. 리딩(reading), 즉 읽기를 성공적으로 이끌려면 책 읽어주기를 잘해야 한다.

『클리퍼드』외에『펀 투 리딩(Fun to Reading)』시리즈도 아이들이 좋아하는 캐릭터로 이루어진 책이다. 마찬가지로 단계가 있어서 활용하기 좋다. 나는『펀 투 리딩』을 집중 듣기 때는 활용하지 않고 읽기 연습할 때 활용했는데 아이가 좋아했다. 또한『옥스퍼드 리딩 트리(Oxford Reading Tree)』도 5단계로 이루어져 있어서 학습하기 좋다. 1단계는 그림으로만 이루어져 있어서 활용하지 않았고, 2단계부터 한 줄, 두 줄 순으로 늘어 간다. 주인공인 키퍼(Kipper)와 형, 누나 비프와 칩(Biff and Chip) 그리고 엄마, 아빠, 강아지 플로피(Floppy)의 이야기이다. 여러 가지 에피소드를 보며 읽어 나가면 재미있다.

내가 실제로 해 보니 처음 시작하는 맘들에게는 너무 욕심 갖고 책을 고르지 말라고 조언하고 싶다. 왜냐하면 엄마의 욕심이 아이의 관심을 넘어서는 순간부터 아이는 영어를 멀리하기 때문이다. DVD든, 책이든 아이의 관심과 호기심을 잃어버리고서는 성공할 수 없다.

아이가 힘들어하면 한 권만 할 수도 있고, 오늘은 너무 잘하고 재밌어한다면 다섯 권을 할 수도 있다.

모든 아이와 엄마는 엄마표 영어교육의 주인공이니 절대로 아이의 관심도를 무시하면 안 된다. 나는 아이와 읽을 책을 고를 때는 아이의 취향을 많이 존중하는 편이다. 이유는 아이가 거부감을 느껴 다시 돌이키는데 너무 많은 시간을 소비했던 경험이 있기 때문이다. 아이가 거부감을 느끼면 매일 하는 학습에서 제일 뒤로 미룬다. 매일의 학습 과정을 눈여겨보면 아이가 제일 힘들어하고 싫어하는 것이 무엇인지 파악할 수 있다.

나는 읽기를 처음 시작했을 때 내 욕심에 『아서 챕터 북(Arthur Chapter Book)』으로 진행했더니 너무 힘든 나머지 아이가 울어 버렸고, 한동안 읽기에 다시 재미를 붙이게 하기 위해 부단히도 애썼더랬다. 엄마표 영어교육은 육아와 비슷하다. 아이의 관심도를 살피고 아이가 관심을 가지면 해주고 힘들어하면 거들어 주면서 함께 가야 한다.

하지만 모든 것을 다 받아 주다 보면 아이의 고집이 느는 것처럼 엄마표 영어교육도 아이의 의견을 받아주되, 너무 아이가 주도적으로 이끌어 가지는 못하게 해야 한다. 아이가 이끌어 가도록 하면 엄마가 조절하기 힘들어 실패할 수 있으니 유념해야 한다.

적절한 밀고 당기기로 아이의 영어를 엄마가 꼭 성공으로 이끌어야 한다. 엄마표 영어교육은 절대 쉽지 않다. 책도 아이의 관심도가 낮은 책을 선택해서 하다 보면 힘들어질 수 있다. 하지만 영어책도 여러 가지를 골고루 읽어야 하니 엄마가 아이를 잘 다독여서 이끌어야 한다. 질질 끌고 가지 말고, 꼭 손잡고 같이 이끌어 주며 함께 가자.

04

어려운 책은 듣고, 쉬운 책을 읽자

영어 원서를 보는 방법은 두 가지다.

① 음원을 통한 책 읽기
② 스스로 책 읽기

처음 영어를 시작하는 아이들은 스스로 혼자서 책을 읽을 수 없기 때문에 음원을 통한 책 읽기를 해야 한다. 그리고 어느 정도 영어 영상도 보고 영어책도 들었다면 스스로 읽기 책을 골라서 읽기를 시작해야 한다. 그런데 어떤 책을 어떻게 아이들에게 읽혀야 할지 고민이 된다.

그럴 때는 우선 아이가 한글책을 어떻게 봤는지를 잘 살펴보면 영어책에 대한 고민도 해결할 수 있다.

우리 아이가 태어나서 책을 어떻게 접하게 되었는가?

우리 아이가 한글책은 어떻게 보기 시작했나?

우리 집의 삼 남매는 태어나서부터 동화책을 읽어 주었다. 작은 낱말이 들어 있는 작은 책부터 한 줄짜리 아주 간단한 그림책을 읽어 주기 시작했다. 그렇게 그림책을 읽어 주다가 좀 더 글밥이 많은 책을 읽어 주었다. 그러다가 아이 혼자서 짧은 동화는 읽을 수 있게 되었고 점차 글밥이 더 있는 책으로 늘려 주었다. 나중에는 글밥이 많아 혼자 읽기 힘든 책을 읽어 주었다. 전집을 사다가 읽은 것이 몇 질은 되었고, 도서관을 이용해서 책을 보기도 했다.

그렇다면 영어책은? 한글책처럼 하면 된다. 여기서 나처럼 영어가 부족한 엄마는 읽어 주기가 힘드니 음원을 이용하면 많은 책을 들려줄 수 있다.

처음 영어책을 볼 때는 음원이 있으면서 글밥이 적은 책으로 시작하자. 우리 집 아이들은 『클리퍼드』로 시작했다. 그리고 점차 글밥이 많은 책으로 늘려갔다. 『크리터(Critter)』와 『베렌스타인 베어즈(Berenstain Bears)』 그리고 『아서 챕터 북(Arthur Chapter Book)』, 『구름빵(Cloud Bread)』, 『스폰지밥 스토리 북(Spongebob Story Book)』, 『아이 캔 리드(I Can Read)』 시리즈도 레벨별로 좋다. 『디즈니(Disney)』 책도 아이들이 좋아하는 책이다.

이렇게 스토리 북을 쭉 듣는데 대략 2년 정도가 걸린다. 이건 우리 집의 큰아이가 했던 방식이다. 사실 이것만으로도 스피킹(speaking)이 가능해진 아이이지만, 둘째 아이와 셋째 아이에게는 원서를 더 넣어 주고 있다. 한글책도 아이들이 어릴 때는 하루에 10권은 읽어 줬다.

그런데 굳이 영어책이라고 해서 하루에 한 권만 읽어야 할까? 그래서 아이들에게 이북(e-book)을 활용한 영어 원서를 더 넣어 주었다. 아이들은 무슨 책을 넣든지 처음에는 무언가 더하거나 바뀌는데 거부감이 들기 마련이다.

하지만 너무 힘든 과제가 아닌 이상에야 나는 보상을 해주면서 조금은 강압적으로 시키는 편이다. 신기하게도 한 달이 지났을 때 아이들은 당연하게 영어책과 한글책을 번갈아 보기 시작했고 이제는 한글책을 보듯 영어책도 이북(e-book)으로 열심히 읽고 있다. 물론 원서를 음원과 함께 듣는 것도 하고 있다.

이렇게 어느 정도 책 듣기가 자리가 잡힌 아이들이라면 이제 챕터 북으로 넘어가도 좋다. 챕터 북은 긴 스토리 책인데, 보통 20~30권 정도가 한 질로 한 권에 10챕터(chapter) 정도로 이루어져 있다.

대표적인 챕터 북으로는 『매직 트리 하우스(Magic Tree House)』가 있다. 28권으로 이루어진 챕터 북으로, 그림보다는 글씨가 많다. 이렇게 챕터 북을 보기 시작하면 처음 읽었던 그림책으로 리딩을 시작하면 된다.

그림책으로 리딩을 시작하면 예전에 읽었던 책이라 아이에게 친숙하고 현재 듣는 책이 글밥이 많아 조금은 힘들었을 아이에게 왠지 모를 뿌듯함과 재미를 줄 수 있다. 큰아이가 처음 『클리퍼드』로 음원을 들었을 때 아이는 초등학교 1학년이었는데, 조금 낯설어하고 힘들어했다.

그런데 다시 리딩을 하려고 『클리퍼드』를 꺼내 드니 아이가 웃었던 기억이 난다. 자기가 이렇게 쉬운 책을 했었냐며……. 추억에 잠기기도 하고 그때의 기분을 얘기해 주기도 했다. 맞다. 책에는 아이의 추억이 함께 담겨 있기도 하다. 비단 영어책뿐인가. 아이마다 특별히 애정을 갖는 한글 동화책도 있다.

조금이라도 친숙한 책으로 리딩을 시작하면 거부감도 줄일 수 있으니 좋다. 그렇게 계속해서 챕터 북과 그림책으로 듣는 책과 읽는 책을 진행하다 보면 듣는 책의 수준이 좀 더 높고, 읽는 책의 수준이 조금 낮아지게 된다. 그래도 이렇게 진행하다 보면 어느 순간 읽는 책과 듣는 책의 수준이 비슷해지면서 읽는 책만 남게 되는 것이다.

만약 발음이 걱정된다 해도, 이 부분은 걱정하지 말자!

이미 영어 영상으로 아이의 발음은 잡혀가고 있다. 또한 영어책 듣기로 정확한 발음도 귀에 익숙해져 있다. 혹시나 아이가 힘들어한다면 리딩을 하기 전에 음원을 들려주는 것도 좋다. 억양을 익히고 발음도 잡아 주기 때문이다. 이렇게 매일 리딩을 해주되, 소요 시간은 20분 정도가 적당하다. 오랜 시간을 소비하면 아이의 에너지도 고갈되고 리딩에 대한 나쁜 기억만 심어 주게 된다. 엄마표 영어는 즐거운 마음으로 해야 한다!

우리는 아이들에게 한글책을 읽게 해주었고, 같은 방식으로 영어책도 그렇게 할 수 있다. 엄마가 영어책을 읽어 주지 못하니 영어책은 못 본다는 핑계는 통하지 않는다. 이미 많은 커뮤니티에서 음원을 구할 수도 있고 리틀팍스나 웅진북클럽, 아이스크림 홈런 같은 이북(e-book)을 통해서도 아이들에게 영어책을 충분히 보여 줄 수 있다. 엄마가 영어를 잘하지 못해도 적재적소에 아이에게 책을 공급해 줄 수만 있다면 아이는 충분히 영어책으로 영어를 습득할 수 있다.

번역본이 아닌 원서로 외국 소설을 읽는 아이를 상상해 보자. 팝송을 듣고 팝송의 내용을 이해하는 아이, 번역본이 아닌 원서로 책을 읽는 아이, 한글책과 영어책을 넘나들며 자유롭게 본인이 원하는 책을 읽고, 인터넷 검색 엔진에서 영어로 검색하여 더 많은 정보를 얻는 아이. 그런 글로벌한 인재로 키우기 위한 시작은 엄마표 영어교육이 아닐까 싶다. 내가 하는 아이 교육이 단지 반에서 1등을 만들기 위한 교육이 아니라 아이를 글로벌한 인재로 키우는 교육이라고 생각하자! 난 글로벌한 인재를 키우는 한 집안의 CEO이다! 이런 마음가짐으로 더 넓게 아이를 키워야 한다.

05

돼끼맘의 아이들이 본 원서들

영어 원서에는 종류가 정말 많이 있다. 단계별 아이들이 집중 듣기하면 좋을 책들은 여러 사이트를 통해서 알 수 있지만, 돼끼맘이 아이들에게 했던 원서 책들을 소개해 보고자 한다.

첫 번째 단계로 아이들에게 처음 접했던 책은 앞서 설명한 클리포드(clifford)이다. 두 번째 단계로 두 줄~세 줄 정도의 책으로 집중 듣기를 했다. 리틀크리터(little critter), 그리고 구름빵, 비스킷(Biscuit), 옥스퍼드 리딩 트리(Oxford Reading Tree) 등을 보았다. 세 번째 단계로 스토리북으로 넘어가면서 프로기(Froggy), 카멜레온(Chameleons), 스폰지밥(spongebob), 아서 챕터북(Arthur), 베렌스타인 베어즈(Berenstain Bears), 디즈니(Disney)를 보면서 좀 더 긴 이야기로 아이들의 집중력을 높여 주었다. 아이는 집중 듣기를 통해 엄마가 한국어로 책을 읽어주는 것처럼 CD를 통해서 이야기를 들으며 영어원서를 읽고 영어에 대한 관심도가 높아졌다.네 번째 단계로 매직 트리하우스(Magic tree House), 아서 챕터북(Arthur Chapter Book), 험프리 (Humphrey), A to Z를 집중 듣기 하며 영어원서 책읽기를 했다. 집중 듣기 원서는 나중에 리딩책으로 활용할 수 있다. 집중 듣기 한 단계별 책을 리딩으로 연결함으로써 아이들이 좀 더 재미있게 리딩을 할 수 있도록 했다.

① 『매직 트리 하우스(Magic Tree House)』.

② 『아서 챕터 북(Arthur Chapter Book)』.

③『험프리(Humphrey)』

④ 영어 명작 뮤지컬

⑤『구름빵(Cloud Bread)』

이 밖에도 여러 가지 원서를 활용했다. 『옥스퍼드 리딩 트리(Oxford Reading Tree)』, 『크리터(Critter)』, 『프로기(Froggy)』, 『로켓(Rocket)』, 『A to Z』, 『스폰지밥 스토리 북(Spongebob Story Book)』, 『베렌스타인 베어즈(Berenstain Bears)』, 『리드 투 리드(Read to Read)』, 『아이 캔 리드(I Can Read)』, 『디즈니(Disney)』 등 여러 가지 다양한 책을 보았다.

06

영어 신문

신문은 우리가 일상생활에서 접하고 사용하는 단어 이외의 분야별 어휘력 향상에 도움을 준다. 사실 스토리 북이나 챕터 북 같은 책을 보면서 아이의 어휘력을 향상시켜줄 수도 있지만, 좀 더 높은 수준의 어휘력을 원한다면 신문 구독을 추천한다.

사실 우리나라는 인터넷이 너무도 잘되어 있어서 신문을 굳이 구독하지 않아도 스마트폰이나 컴퓨터로 뉴스를 볼 수 있다. 하지만 나는 2년간 어린이 신문을 구독해 왔다. 그 이유는 아이들에게 뉴스를 접하게 해주고 지금 전 세계에서 일어나는 일을 아이들의 시선과 아이들에게 맞는 단어들로 알려 주고 싶은 마음 때문이었

다. 그리고 점점 커 가면서 아이들이 편독(偏讀)하지 않길 바라는 마음도 있었다. 여러 가지 분야의 책을 읽게 해주고 싶지만 아이는 커가면서 자신이 좋아하는 책만 읽으려고 한다. 그래서 시작한 어린이 신문 구독이었다. 아이들은 처음엔 낯선 신문을 읽는 것을 좋아하지 않았다. 그래서 처음엔 만화나 주제어만 읽어 보기, 읽고 싶은 기사를 골라 읽기 등 방법을 바꾸어가며 아이들에게 신문을 읽게 했다.

영어도 마찬가지라는 생각도 들었고, 중간에 엄마표 영어교육을 진행하면서 챕터 북 이외에도 기사화된 글을 접하게 해주기도 했다. 『포 코너즈(Four Corners)』라는 과학, 수학, 예술, 문화, 인물 등 다양한 분야를 다룬 영어 논픽션 단편 책이 그것이다. 처음에는 아이들이 이야기가 아닌 기사와 같은 글을 처음 접한 터라 간혹 불편해하고 어려워하기도 했다. 하지만 계속해 보니 아이들이 곧잘 따라오고 오히려 실제 사실이 반영된 글들이어서 아이들도 흥미로워했다.

처음에는 주변에서 영어교육을 하는 분들이 보는 신문을 보고 '아, 영어 신문을 구독해야 해야겠다.'라고 생각했다. 그러던 차에 다니던 도서관에서 영어 신문이 전시된 것을 보았고, 따로 샘플 신청 없이 도서관에 구비된 영어 신문으로 아이에게 맞는 신문을 선택할 수 있었다.

사실 아이에게 맞는 신문은 좀 더 글이 많고 내용이 풍부한 것이었지만, 우리 아이는 신문을 구독하고 구독 후 활동, 예를 들면 문제 풀이나 퍼즐 같은 것이 있는 놀이식 신문을 더 흥미로워했다. 그래서 신청한 것이『타임즈 주니어』였다. 주니어는 유치원생 정도의 아이들이 보면 좋은데 처음부터 너무 글이 많은 것을 내밀면 거부할 것 같아서 주니어부터 신청했다.

나의 예상은 들어맞았다. 역시 엄마표 영어교육! 엄마라서 내 아이의 관심을 유발할 수 있는 최적의 선택을 할 수 있었다. 사실 초등학교 3학년이고 그동안 해 왔던 챕터 북의 레벨을 생각하면 한 단계 더 높은 수준을 선택해야 하는 것이 맞다. 하지만 그런 보편화된 레벨을 선택하기보다는 내 아이에게 맞는 수준과 스타일을 선택하는 것은 엄마만이 할 수 있는 것이다. 나는 그런 점에서 엄마표 영어교육을 사랑한다.

아이는 자기 스타일에 맞고 호기심을 유발하니 별도의 적응 기간 없이 신문 구독을 매일 한 기사씩 재밌게 진행하고 있다. 신문을 구독하니 지금 일어나는 전 세계의 여러 일을 아이 스스로 아이의 시선에서 바라볼 수 있어서 좋다. 최근에는 호주의 산불에 관한 기사를 보고 아이는 동물이 불쌍하다고 했고, 설날에 관한 글을 보면

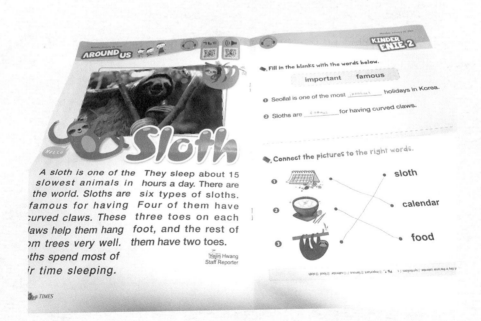

서는 자신의 한복을 찾기도 했다.

이런 아이의 관심은 '더 없냐'는 요구로 이어져 나를 행복하게 했다. 그래서 좀 더 진행한 후 『타임즈 주니어』는 『타임즈 주니어』대로 진행하고, 그다음 레벨인 『타임즈 키즈』도 신청해서 진행하려 한다. 현재 집중 듣기로 하는 『험프리(Humphrey)』라는 책이 있는데 그 책으로 집중 듣기를 진행하고 있기 때문에 신문으로 가볍게 아이의 시사적인 내용도 채워 주면 좋을 것 같다.

신문에는 단어 공부를 할 수 있는 문제들도 있다. 일주일에 한 부씩 우편으로 배달되는데, 한 부에 4개의 단어장이 있어서 일주일에 4개의 단어도 익힐 수 있으니 어휘력 향상에도 도움이 될 것이다.

나는 아직 계속 초등학교 2학년, 초등학교 4학년, 초등학교 6학년 아이들의 엄마표 영어교육을 진행 중이다. 엄마표 영어교육뿐만 아니라 모든 학습을 집에서 하고 있고, 엄마표 영어교육을 했던 자신감으로 이후에도 학습을 진행할 수 있었다. 아이들은 이제 학원에 가는 것을 거부하고 있고, 본인들도 스스로 집에서 충분히 할 수 있다는 것을 알고 있다.

그리고 영어 신문을 통해서 지금껏 공부해 온 영어에 더해서 이제는 좀 더 높은 수준의 단어 사용을 하도록 유도하고 있다. 예전에 그런 말을 들은 적이 있다. 외국어 사용 능력의 최고 수준은 외국 뉴스를 100% 온전하게 알아들을 수 있을 때라고, 우리 아이들이 뉴스를 알아듣고 즐겨볼 수 있도록 옆에서 열심히 찾고 노력하여 환경을 제공해 주는 엄마!

그게 엄마표 영어교육을 진행하는 엄마가 해야 할 일이라고 난 확신한다.

chapter 5

돼끼맘의
엄마표 영어는
이랬어요

01

갑작스러운 아이의 거부 반응

그동안 아이가 엄마표 영어교육을 잘 따라오다가 어느 날 갑자기 학습을 거부하는 순간이 왔다. 너무 당황스러웠다. 5년간 엄마표 영어교육을 하면서 너무 힘들었던 순간 중 하나가 아이가 거부할 때였다. 잘 따라오던 아이여서 더 그랬던 것 같다.

그간 엄마표 영어교육을 준비했던 엄마로서 의욕도 떨어지고 고민도 많이 생겼다. 이걸 계속해야 하나 싶은 생각과 학원을 보내야 하는 건 아닌가 싶은 생각, 또 이게 맞는 길인가 싶고 정말 여러 가지 복잡한 생각이 들어서 엄마로서 마음고생을 많이 했다. '이럴 바에야 학원에 보내면 아이랑 씨름도 안 하고 나도 속상하지 않고 아이를 혼낼 일도 없지 않을까……' 하는 생각들로 고민하기 시작했다. '정말 갑자기 이제까지 달려온 엄마표 영어교육이 물거품처럼 사라지는 건 아닐까?', '내가 해 온 것들이 잘못된 길이었을까? 맞는 걸까?', '계속 혼내 가며 끌고 가야 하나?', '다른 걸 찾아볼까?' 등 하루에도 마음이 이랬다저랬다 하며 혼란스러웠다.

하지만 언제나 세상만사 모든 게 뜻대로 되는 법은 없다. 하물며 하루하루 커 가는 아이가 조용히 따라만 오는 것은 오히려 아이의 정신 건강에 있어 바르게 자라는 모습이 아닐 것이다. 시간이 지나고 나서 보니 때론 투정도 부리고, 때론 너무 잘해 주어 기쁜 이런 여러 가지 상황이 오히려 엄마를 하나씩 성장시켜 주는 것 아닐까 하는 생각이 든다. 큰아이는 초등학교 2학년 무렵에 날 너무나 당혹스럽게 했다. 엄마표 영어 2년 차! DVD도 집중해서 잘 보고, 흘려듣기도 거부감 없이 매일 잘해 주고, 집중 듣기도 제일 재미있다고 말할 정도로 잘 따라와 주던 아이가 어느 날 나에게 말했다.

"엄마! 나 영어하기 싫어!"

당혹스러움 그 자체였다.

처음 며칠 동안은 설득도 해 보고 달래도 보고 혼도 내 보고 영어를 해야 하는 이유도 설명해 주었지만, 아이는 계속해서 거부했다. 느낌이 왔다. 이렇게 더 이상 끌고 가는 건 아무 의미도 없고 효과도 없겠구나 하는 그런 느낌. 그때 엄마표 영어교육을 가르쳐 주셨던 선생님께 상담하니 당분간 쉬는 게 좋겠다고 하셨다. 너무나 잘 따라오던 아이였기에 그 당혹감은 더욱더 컸던 것 같다. 이럴 때 여러분은 어떻게 할 것인가? 많은 고민 후 나는 선생님의 조언대로 모든 학습을 과감하게 중단했다. 멈추면서도 여기서 끝나는 건 아닐까 하는 불안감은 있었다. 그래도 아이를 위해서 용기를 냈다.

그렇게 나름대로 내 마음 정리를 끝낸 뒤에 어느 날 아이에게 말했다.

"○○아. 오늘부터 영어 공부 안 할 거야. DVD도 안 보고, 영어책도 안 읽고, 아무것도 안 할 거야."

아주 차분히 웃으면서 다정하게 말했다. 사실 이 말을 하기까지는 마음을 다스리는데 시간이 필요했다. 화도 내고 싶었고, 소리도 치고 싶었다. 아이 혼자 한 게 아니라 엄마랑 함께한 시간이니까. 아이만의 노력이 아니라 나의 노력도 있으니 그렇게 아쉽고 허탈할 수가 없었다. "안 한다."는 세 글자를 말하기가 쉽지 않았다. 하지만 알고는 있었다. 그 말을 해야 한다는 것을……. 그게 엄마이고 엄마표 영어교육을 하는 내가 해야 하는 일이자 감당해야 할 일이라는 것을 말이다. 그렇기에 며칠간의 고민과 마음을 다잡는 시간을 끝낸 후에 말한 것이다. 다시 말하지만, 쉽지 않았다.

아이는 "진짜?"라는 말을 몇 번이나 반복했다. 엄마 속도 모르고 그렇게 좋나 싶었지만, 열심히 달려온 아이도, 나도 휴식이 필요한가 싶었다.

'좋니? 엄마는…….'

내 마음은 불안했다.

'정말 잘하는 걸까? 지금까지의 노력이 물거품이 되면 어쩌지?'

하지만 나는 큰아이가 그동안 보여 주었던 2년간의 집중력과 꾸준함을 믿어 보기로 했다.

그 후로 어떻게 됐을까?

난 매일 불안해하면서도 절대 영어 이야기는 하지 않았다. 그게 사실 마지막으로 ○○이에게 말하기 전에 했던 나만의 다짐이었다. 속으로는 엄청 불안했지만, 아이를 교육하면서 나 자신을 믿어야 했고, 아이를 믿어야 했으며, 우리가 함께 달려온 시간의 힘을 믿어야 했다. 나의 방법이 누군가의 한마디에 흔들리지 않을 강인함, 우리 아이가 잘할 수 있다는 아이를 향한 믿음, 그리고 함께 달려온 시간의 힘을 믿고 있었기에 중간의 휴식을 가질 수 있었다. 그렇게 우리는 서로 다른 마음을 지닌 채로 휴식기를 갖게 되었다. 나는 열심히 아이의 반응을 살피면서 말이다. 쉬는 동안에는 아이 눈치도 봤지만, 한편으로는 그동안 열심히 달려온 나 자신도 되돌아보았다. 너무 윽박지르면서 온 건 아닐까. 나름대로는 아이를 생각하면서 왔는데 아이는 왜 거부한 것일까. 답을 찾지는 못했다. 그냥 푹 쉬었을 뿐이다. 그런데 그냥 푹 쉰 그 휴식이 답이었다.

어느 날 큰아이가 나에게 한마디를 건넸다.

"엄마. 나 DVD만 보면 안 돼?"

드디어 기다리고 기다리던 순간이 왔다. 이 말을 듣기까지 걸린

건 3주였다!

3주 동안 나의 애간장은 모두 탔다. 돌아오리라고 믿었지만, 매 순간 불안함이 어떻게 없을 수가 있었을까. 하지만 이런 순간이 반드시 온다고 계속 스스로 세뇌했다. 왜냐하면 아이는 2년이나 나와 꾸준히 열심히 했으니까. 이 순간, 나는 바로 흥분하지 않으려 애쓰며 준비했던 대답을 차분하게 했다.

"DVD 보고 싶어? 근데 DVD는 영어로 봐야 해. 그럼 영어 공부 다시 해야 하는데……."

아이는 고민하는 모습을 보였다. 그 모습은 대답을 이미 알고 있는 나에게는 너무나 귀여운 모습이었다. 하기 싫은 것이지, 어려운 건 아니었으니까. 그래서 아이는 결론을 스스로 내릴 수 있다. 조금만 참으면 본인이 제일 좋아하는 DVD를 볼 수 있다는 결론 말이다.

"알았어, 엄마."

이렇게 기쁠 수가! 아이가 돌아왔다. 기다림은 언제나 엄마의 몫이니까. 어떤 아이나 어떤 엄마라 해도 힘들 때도 있고 포기하고 싶을 때도 있을 것이다. 하지만 나는 이 말을 꼭 해주고 싶다. 아이는 믿는 만큼 행동한다고.

어른들도 그런데, 하물며 아직 어린아이들은 분명히 하기 싫을 때가 있다. 그때마다 엄마는 노련하게 이를 극복할 수 있어야 한다. 이런 게 엄마의 힘이니까. 다그치고 몰아치는 방법이 절대로 좋지는 않다는 것을 이번 일로 다시 정확하게 깨달았다. 때론 기다림이 아이를 스스로 생각하게 하고 돌아보게 하며 결정하게 해준다. 그때 그 한 번의 경험으로 아이는 열심히 했다. 오히려 영어가 이제는 공부가 아닌 일상생활로 들어와 버렸다. 놀라웠다. 그냥 3주만 쉬었을 뿐인데, 효과는 3주 내내 영어교육한 것보다 컸다. 강아지와 놀 때나 혼자 있을 때는 영어로 말하고 놀기까지 했다. 그 모습을 보면 내가 기다려 준 3주는 결코 아깝지도, 또 아쉽지도 않은 시간이었다. 오히려 감사한 시간으로 기억한다.

"너는 언제부터 영어 말하기를 잘하게 되었니?"

사실 큰아이가 엄마표 영어교육을 시작할 때, 정보도 없고 영어 전공자도 아니었던 엄마인 나는 부족한 것 투성이였다. 검색 결과는 2페이지 이상 보면 화가 날 정도로 검색도 잘 안 하는 엄마였다. 그래서 그랬을까. 중간중간 사진이나 동영상으로 기록을 남기기는 했지만, 언제부터 이 아이가 이렇게까지 영어 말하기를 잘하게 되었는지 그 시점은 정확하게 기억나지 않는다. 대충 아이가 초등학교 3학년 때 즈음에 갔던 괌 여행에서 아이에게 의지했던 기억이 어렴풋이 있다.

그래서 얼마 전에는 아이에게 직접 물어보았다. 이 아이가 생각하는, 본인이 영어 말하기를 잘하게 된 시점은 언제부터일까? 기억은 할까?

엄마: "너는 언제부터 영어 말하기를 잘하게 되었니?"

딸　: "초등학교 3학년 때!"

엄마: (어! 내가 생각했던 시점과 비슷하네) "그럼 어떻게 그렇게 잘
　　하게 되었어?"

이때부터 내가 모르는 아이의 성장 스토리가 시작되었다.

딸　: "엄마, 제가 3학년 때 이곳으로 전학을 왔잖아요. 그때는
　　친구도 별로 없고, 학교 다녀오면 심심했어요. 근데 동생
　　들과 노는 것은 시시하고, 엄마는 집안일하느라 바빠서
　　나랑 놀아 줄 수가 없었잖아요. 그래서 밀크(강아지)랑 놀
　　았어요. 영어로! 학교에서 있었던 일, 속상했던 일, 재밌
　　었던 일을 밀크에게 영어로 얘기했어요."

엄마: "그럼 모르는 말이 있을 때는 어떻게 했어?"

딸　: "그냥 한국말로 했어요. 모르는 건 한국말로 하고, 아는
　　건 영어로 말했어요."

맞다. 그 당시 아이가 영어를 말할 때 내가 신기해했던 것은 아
이가 모르는 단어가 있으면 당황하는 게 아니라 그냥 한국말을 넣

어서 이야기했다는 점이었다. 그게 자연스러워서 오히려 한국어라고 못 느낄 때도 있었다.

엄마: "근데 왜 가족이 아니고 밀크였어?"
딸　 : "음……. 밀크는 평가를 안 하잖아요."

힉! 그 순간 정말 너무나 놀랐다. "평가를 안 하잖아요."라니.

딸　 : "밀크는 내가 잘못 말해도 틀렸다고 하지 않고, 내 말을
　　　잘 들어줬어요. 그리고 날 위로해 줬어요."
엄마: "그럼 인형은?"
딸　 : "인형은 감정이 없어요. 날 쳐다보지도 않고요. 생명이
　　　없잖아요. 공감해 주지도 않고, 위로해 주지도 않아요.
　　　그래서 밀크였어요."

그간 강아지 키우는 게 힘들 때마다 협박 아닌 협박으로 "밀크 다른 집에 보내자."라고 했었는데 큰아이에게 밀크가 이런 존재였다니. 그동안의 말들이 너무 후회스러웠다. 강아지인 밀크는 그동안 아이의 친구이자 가족과 같은 존재였다. 때론 같이 놀고 때론 위로도 받고 대화 상대도 되어주는 존재. 아이에게는 소중한 존재였다. 또한, 평가하지 않는 청중이었다.

"평가를 안 하잖아요."

아무리 안 하려고 해도 엄마는 평가를 하니까……. 예쁜 말이

라고 포장하여 지적하니까. 그동안 아이를 평가하지 않았다는 것은 나만의 생각이자 착각이었다. 아이는 다르게 느끼고 있었던 것이다.

초등학교 3학년! 아이가 초등학교 3학년일 때 우리 가족은 7년간 머물렀던 보금자리를 떠나 새로운 곳에 둥지를 틀었고, 3학년이던 아이는 조금 힘들어했다. 그 시기에 2년간의 영어 노출이 폭발하듯 스피킹으로 나왔고, 그 연습을 엄마인 나도 모르게 강아지와 했던 것이다. 따로 돈 들여서 화상 영어를 하지 않고, 친숙한 강아지에게 편안하게, 마음껏! 해외 연수를 안 갔음에도 스피킹이 폭발적으로 늘었던 것은 평가하지 않고 위로해 주었던 반려견 때문이었다. 오늘따라 간식을 왕창 주고 싶다는 생각이 든다. 고맙다. 밀크야!

03

아빠가 엄마표 영어교육을 대하는 자세

엄마표 영어교육을 한다고 처음 얘기했을 때 신랑은 너무나도 쿨하게 해 보라고 했다. 하지만 내가 느끼기에는 '한번 해 봐라~.' 하는 무심함이 느껴졌다. 그때 남편은 보험 회사에 다니고 있었고 부지점장으로서 매우 바쁜 날들을 보내고 있었기 때문에 다행히도 내가 하는 육아에 크게 관심을 두지도, 또한 크게 관여하지도 않았었다. 그저 알아서 잘하려니 하고 믿어 주는 것 같았다. 그것만으로도 내가 감사했던 이유는 남편은 새벽 5시에 일어나서 출근했고 퇴근은 밤 11시나 12시를 넘기기가 일쑤였기 때문이었다. 너무나도 열심히 사는 남편! 내가 할 수 있는 건 아이들을 되도록 혼자 열심히 돌보는 것이라 생각했다.

그래도 남편은 내가 엄마표 영어교육을 한다고 하니 열심히 해보라고 격려는 빼놓지 않고 해주었고, 관여는 하지 않았다. 다른 아빠들 얘기를 들어 보면 사실 남편만 한 방해꾼도 없다고 했다. 어떤 아빠는 한글 TV를 못 보게 하니 한두 달은 참다가 결국 투덜투덜 불만을 얘기하며 부부싸움을 했다고 했다. 왜 TV도 못 보게 하냐며. 애들이 공부하는 것이지 내가 하는 거냐며……. 사실 아빠가 하는 것은 아니지만, 아빠가 거실에서 TV를 시청하면 아이들도 따라서 보게 된다. 영어로 DVD 시간을 채우면 되니까 문제가 되지 않을 수도 있겠지만, 아이들이 한글 TV 프로그램(예능이나 드라마)을 보게 되면 아이의 한글 및 영어를 포함한 TV 시청 시간이 너무 많아지게 된다. 하루 2시간 이상 TV에 노출되면 안 좋은 아이들에게 너무 많은 노출을 하게 되는 셈이다. 아빠의 TV 시청이 안 좋은 첫 번째 이유이다.

또 다른 이유는 한국어로 된 TV 프로그램을 시청하게 되면 돼끼네 큰아이처럼 4년 넘게 영어 TV에 익숙해서 본인이 영어 TV를 즐겨 보는 아이가 아닌, 영어 DVD에 대한 흥미가 떨어지고 집중도가 낮아질 수 있다. DVD의 집중도나 관심도가 낮아지면 영어 환경 노출 시간이 채워진다고 하더라도 말하기까지는 오래 걸릴 수밖에 없다.

그래도 요즘은 굳이 TV가 아니더라도 스마트폰으로 TV 시청이 자유로워서 아빠들의 방해가 적을 수 있으니 다행이다. 다만 아빠들이 불편하고 힘들 수 있다. 엄마표 영어교육을 엄마가 편하게 이끌어 가고 무리 없이 진행하기 위해서는 아빠들의 무관심이나 돼 끼맘처럼 바빠서 집에 일찍 들어오지 못하는 아빠가 도움이 된다. 아이의 교육이 성공하기 위해서는 할아버지의 재력과 아빠의 무관심, 엄마의 정보력이 필요하다는 대치동의 격언이 생각난다. 하하하. 요즘 시대는 굳이 할아버지의 재력이 아니어도 너무 많은 정보가 넘쳐나는 시대라 큰 재력이 없어도 영어교육은 성공할 수 있다. 하지만 아빠의 무관심은 어쩌면 대치동에 떠도는 말과 같을 수도 있겠다.

남편이 간혹 일이 일찍 끝나서 퇴근을 4~5시에 하는 날도 있었다. 그날은 돼끼네가 신나게 노는 날이었다. 남편은 집에 있으면 공부하는 아이들에게 바람을 쑥쑥 불어넣어서 꼭 나를 화나게 만든다. 열심히 매일 일과를 하는 아이들에게 장난도 치고 나가서 놀자고 하니, 오랜만에 집에 일찍 들어온 아빠는 훼방꾼이 된다. 훼방꾼도 이런 훼방꾼이 없다. 처음에는 그래서 오랜만에 일찍 들어와 교육에 훼방을 놓는 남편이 싫었다. 그런데 생각해 보니 매일 바쁜 남편에게 아이들과 이렇게 보낼 수 있는 시간이 얼마나 소중한지, 또 아이들도 아빠랑 노는 게 아빠와의 관계에서 얼마나 중요한지를 느끼게 되면서 남편이 일찍 들어올 때는 나도 모든 일과를 포기하고 신나게 같이 논다. 그렇게 아이들에게 아빠가 일찍 퇴근하는 날은 선물 같은 날이 되었다. 그리고 아이들은 아빠가 신나게 놀아 주고 난 다음 날이면 더 열심히 엄마와 함께 공부하게 되었다.

그렇게 남편은 매일 엄마표 공부를 해야 하는 우리에게 휴식을 주는 사람이 되었다. 엄마가 매일 꾸준하게 아이들이 할 일을 할 수 있도록 열심히 이끌어 주는 사람이라면 아빠는 꿀맛 같은 휴식을 깜짝 이벤트로 제공하는 사람이 되었다. 아이들은 아빠를 더욱더 사랑하고 친구같이 여기며 좋아하게 되었다. 나에게도 남편은 더 이상 방해꾼이 아니라 아이들에게 더 잘할 수 있게 용기와 힘을 주는 사람이 되었고, 동시에 휴식을 주는 사람이 되었다. 지금은 돼끼맘의 든든한 후원자가 되어 누구보다 엄마표 영어교육을 지지하는 사람이 되었다.

04

엄마도
휴식이 필요해

내 일과는 매우 바쁘다.

아침에 일어나서 아이 셋을 깨우고, 정작 나는 세수도 하지 못한 채로 아직 어린 막내 아이를 화장실로 안고 들어가 세수시켜 주며 아침잠을 깨운다. 첫째 아이와 둘째 아이도 되도록 아침에 일어날 때는 기분 좋게 일어나길 바라는 마음에서 간지럼도 태우고 안아 주고 사랑한다고 말하며 깨운다.

사실 이때 내 에너지는 많이 소비된다. 일어나서 거실로 나온 아이들에게는 아침 DVD 시간을 채우기 위해 거실에 있는 TV를 켜고 아이들의 옷과 아침 식사를 준비해 준다. 먹여줄 때도 있고 각자 먹으라고 할 때도 있지만, 각자 먹으면 TV를 보느라 먹는 양이 너무 적어서 먹여줄 때가 더 많다. 머리 빗겨 주고 가방 메서 학교에 보내고 나면 아이들이 자고 일어난 자리를 정리하고 방 청소도 한다. 집에서 키우는 강아지 4마리가 밤새 돌아다닌 자리도 치우고 정리하고 빨래와 설거지까지 하고 나면 점심 때가 된다. 잠시 휴식을 취하고 아침 겸 점심을 섭취하고 나서 좋아하는 책도 조금 읽고 나면 아이들이 돌아올 시간이 된다.

그 이후로는 아이들 간식도 챙겨야 하고 때론 픽업도 다녀야 해서 오후는 정말 빠르게 지나간다. 저녁 6시가 되면 모두 집에 모이는데, 이때가 엄마표 영어교육을 시작하는 시간이다. 6시가 되면 아이들은 각자 할 일을 하기 시작하고, 나는 저녁 식사 준비를 한다. 저녁 식사를 준비하고 먹을 때도 나는 영어 CD를 틀어 놓고 흘려듣기를 시작한다. 듣는 귀가 조금이나마 열리기를 소망에서 하는 흘려듣기이다. 그리고 식사가 끝나면 정리를 한다. 아이들은 잠깐의 휴식 후 다시 각자 할 일을 하는 시간으로 돌아간다. 각자 매일 스케줄대로 할 일을 한다. 그때부터는 나도 아이들과 함께 학습을 도와준다.

세 아이를 봐주기란 정말 힘들어서 정신을 똑바로 차리지 않으면 어느 순간 나는 마녀로 변한다. 그래서 정신을 차리고 집중해서 아이들을 봐주고 나면 9시에서 10시쯤 된다. 잘 준비를 마치고 나서 아이들에게 각자 잠자리에 들기 전에 영어 흘려듣기를 준비시키고 재운다. 그렇게 아이들이 잠들고 나면 아이들 공부했던 책상 뒷

정리를 하고 아이들이 식사한 후 남겨놓은 설거지를 하기 시작한다. 그러고 나면 나도 씻고, 잠자리로 가서 잠깐의 자유 시간을 즐기다 잠이 든다.

내 일과 중에서 수시로 하는 강아지 뒷정리와 그 밖의 여러 가지를 제외한 대부분의 일상이 이렇다. 정말 내가 쓰면서 봐도 참 고단하고 힘든 하루를 열심히 보내는 것 같다. 이런 일상이 매일 반복된다. 이렇게 살면 엄마들…… 쓰러진다.

나도 열심히 가족을 위해서 한다고는 하지만 지치면 짜증과 화가 난다. 그리고 그 짜증과 화는 자연스럽게 아이들에게 가게 된다. 그랬을 때 아이들에게는 부당한 대우와 상처를 주게 되는 것 같아서 마음이 또 속상하고 '과연 잘하고 있는 걸까?', '잘하는 짓일까?'라는 생각에 잠을 설친다.

그래서 나는 너무 고단하거나 힘들 때는 아이들에게 "애들아! 엄마가 오늘 좀 힘들어. 각자 숙제 있으면 하고, 숙제 다 했거나 없으면 알아서 하고 싶은 거 해!"라고 말하기 시작했다. 그러고는 씩 웃었다.

그러면 돌아오는 반응은 다음과 같다.

"엄마, 쉬어. 우리가 알아서 할게."

"애들아. 엄마 힘드니까 알아서 하자."

"엄마. 힘들지? 쉬세요~."

"엄마 최고!"

"엄마, 사랑해~!"

이런 긍정의 말들이 나에게 돌아왔다. 결국 나는 또 행복한 다둥이 맘이 되었고 의외로 의젓한 아이들의 모습도 보게 되었으며 아이들에게는 점수를 잔뜩 얻었다. 그뿐인가? 나에게도 휴식 시간을 주게 되었다.

하루 할 일을 건너뛴다고 해서 큰일이 나거나 아이들이 무너지진 않는다. 나도 처음엔 '혹시나 하던 습관이 무너지진 않을까?', '아이들이 내일도 놀자고 하면 어쩌지?', '하루 안 해서 할 일이 밀리면 아이들의 학습 효과가 떨어지지는 않을까?' 하는 불안감이 있었다.

하지만 일과를 포기하지 않을 때의 손해가 더 컸다. 몸이 고단하고 힘든 날, 포기하지 못하고 일과를 진행했을 때는 아이들에게 과하게 혼을 내고 소리 지르고 화내다가 잠든 아이를 보고 울며 후회하는 일을 반복했다. 결국 이것은 아이들에게 상처를 주는 행동이었다.

하루 정도 일과를 안 하고 넘긴다고 해서 큰일 나지도 않고 오히려 아이들과 내일 더 열심히 할 수 있다면, 과감하게 나에게 휴식을 선물하는 것이 맞다.

엄마표 영어교육뿐만 아니라 아이들의 학습을 진행하는 대한민국의 엄마들은 정말 힘들다. 실제로 해 보면 이게 정말 쉬운 게 아니라는 생각이 든다. 내가 직접 해 보니 너무 힘들고 정신적으로도 고단한 일이다. 그러니 적절하게 쉬는 날도 가져야 한다. 이게 엄마표 교육의 장점 아닐까? 아이들과 엄마의 컨디션에 맞는 스케줄 조절 말이다.

오늘도 감기 기운이 있는지 몸이 힘들다. 어제도 아이들은 요즘 관심이 깊어진 스케이트보드를 타느라 오후 시간을 몽땅 스케이트보드에게 양보했다. 그래서 오늘도 나의 마음은 할까, 말까를 고민했다.

그렇지만 오늘 또 과감히 쉬기로 했다!

엄마표 영어교육은 아이들의 컨디션도 살피며 해야 하지만 엄마의 컨디션도 살펴야 오래 할 수 있다.

엄마표 영어교육을 하는 여러 엄마들이여! 우리의 컨디션도 중요합니다. 오늘은 좀 쉽시다!

05

엄마표 영어 4년 차, 영어말하기대회에 참가하다

아이들에게 엄마표 영어교육을
하다 보면 간혹 자신의 영어 실력을 궁금해할 때가 있다. 또 어떨

때는 다른 사람도 다 이 정도는 하는
것 아니냐며 자신의 능력을 과소평
가하기도 한다. 왜냐하면 같이 하는
친구도 없고, 엄마와 둘이서 진행하
기 때문에 비교 대상이 없고 보이는
것이 없기 때문이다. 왜 영어 공부를
해야 하는지, 잘하고는 있는지 알 수
가 없었다. 사실 이 점은 아이뿐만 아

니라 엄마도 궁금해하는 부분이다.

나도 그랬다. 내 아이가 잘하고는 있는 것 같은데, 과연 얼마만큼의 실력인지 궁금했다. 학원처럼 시험이나 테스트를 보는 것도 아니니 궁금한 것은 너무도 당연하다.

그럴 때는 사실 좀 늦더라도 말하기대회 같은 대회에 나가 보는 것을 권유하고 싶다. 교내 대회건, 교외 대회건 상관없다. 교내 대회는 학교에 따라서 다르지만, 보통 자주 있는 편은 아니다. 우리 아이의 학교는 교내 대회가 없었기 때문에 교외 대회에 나갔다. 아무리 잘한다고 해도 아이도 다 본인만큼 하는 것 같고 친구들은 학원에서 시험이나 테스트를 보는데 자신은 테스트가 없으니 과연 잘하는 게 맞는지 의심하게 된다. 이런 상황에서 대회는 아이에게 눈으로 확인할 기회가 된다.

대회 출전 후 우리 아이는 우선 많이 놀랐고 자신감도 올라갔으며 자신이 아는 모든 사람에게 자랑을 했다. 그리고 아이보다 좋아하는 엄마를 보며 왠지 모를 뿌듯함에 몇 번이고 나에게 결과를 다시 확인했다. 결국 대회 출전에는 이유가 있었다. 아이의 자존감 높이기 말이다. 이제부터 밝혀지는 돼끼맘의 엄마표 첫 영어말하기대회 도전기는 다음과 같은 순서로 진행되었다.

① 대회 검색

첫 번째로 대회를 검색해 보았다. 왜냐하면 누구 한 명이라도 우리에게 이런 대회가 있으니 준비해 보라고 소개해 주는 사람이 없었기 때문이었다. 단순하게 검색창에 '영어말하기대회'라고 검색했다.

그랬더니 여러 과거 대회부터 후기까지 검색 결과가 나왔다. 그 중에서 찾은 것이 국제통번역자원봉사단이 주최하는 전국학생 영어말하기대회였다.

② 대회 원서 접수하기

전화 문의 후 홈페이지에서 원서를 내려받아 작성한 후 접수했다. 그렇게 우리는 제3회 전국학생영어말하기대회에 참가하게 되었다.

응시료는 유치부 및 초등부는 7만 원, 중등부 및 고등부는 9만 원이었다.

원서 접수 후 원고는 대회 전까지 보내 달라는 문자도 받았다.

대회 날짜와 시간을 확인한 후 이제 대회 준비를 본격적으로 시작했다.

③ 원고 작성하기(한글로)

원고는 첫 대회이기도 하고 아이의 실력을 날것으로 보고 싶은 마음에 아이가 직접 작성하도록 했다.

이번 대회의 주제는 '우리 동네 소개하기'였는데, 우리 아이는 '우리 동네 맛집 소개'를 주제로 잡았다.

우리 동네에 새로 오픈한 떡볶이집이 아주 마음에 들었는지, 꼭 소개하고 싶다고 해서 이 주제로 작성하게 되었다.

첫 원고의 형태는 이러했다. 짜잔!

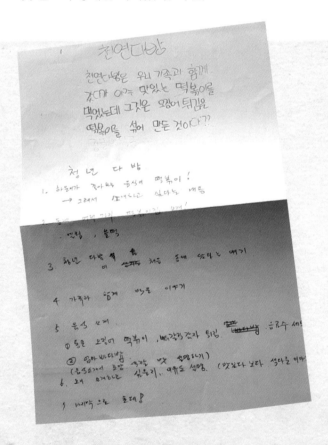

2분 분량의 원고를 작성해야 하는데……. 헉. 30초만 하고 내려올 심산인가. 이건 뭐……. 그래서 나는 아이가 써야 하는 것들을 대충 메모해 주고 다시 작성해 보라고 아주 친절하게 타일렀다. 초등학교 5학년에게 너무 많은 잔소리는 아이의 거부감을 일으키기 때문에 최대한 거부감이 들지 않도록 친절한 목소리로 내 마음을 가다듬으며 얘기했다.

다시 작성한 원고는 조금 길어졌다. 그래서 거기다가 살을 좀 더 붙이자고 얘기해서 한글 원고를 완성했다. 짜잔!

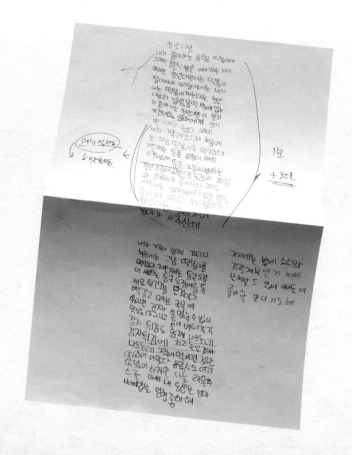

④ 번역하기(영어로)

그다음으로 이제 번역을 했다. 우리 아이는 아직 글쓰기는 조금 부족하여 불러주는 대로 내가 작성했다. 정말 받아 적는 것만 해도 팔이 떨어지는 줄 알았다. 그래도 열심히 받아 적고 예쁘게 옮겨 적으니 원고가 완성되었다.

대필해 주었을 뿐, 원고에서 내가 바꾼 부분은 없었다. 초등학교 5학년 아이의 아주 현실적인 원고!

너무 궁금했다. 이 원고가 과연 학원에서 가져온 원고들과 비교해 보았을 때 어떤 결과를 가져올까?

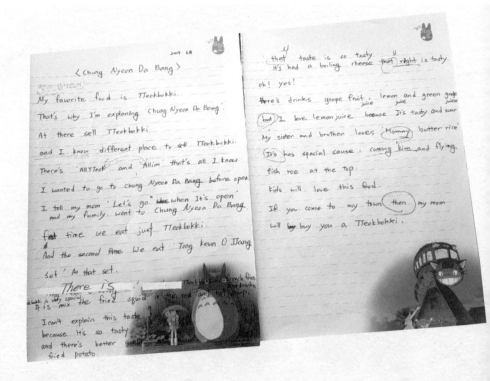

⑤ 연습하기

아무리 본인이 작성한 원고여도 연습은 필요했기에 매일 한 번씩 읽어 보게 했다. 대회가 한 달 남짓 남았을 때는 두 번씩 읽어 보게 했고, 일주일 정도 남았을 때는 세 번씩 읽고 실전처럼 연습했다.

그리고 드디어 대회 당일이 되었다. 아이도, 나도 열심히 연습했기에 결과는 겸허히 받아들이기로 마음을 다잡았다. 그랬지만 사실 너무 떨렸다.

⑥ 대회 그리고 결과

대회 당일. 생각보다 많은 아이들이 참여해서 긴장감에 나는 떨었는데 아이는 전혀 긴장하지 않고 오히려 가져온 게임기로 게임을 하고 있었다. 아이의 대범함에 놀랐다. 긴장도 안 하고 무슨 배짱인가 싶었다. 물어봤더니 자기는 이미 다 외워서 괜찮다고 했다. 그래. 이왕 시작한 거, 자신 있게 하고 오거라~!

이윽고 대회가 시작되었다.

IVO 전국학생영어말하기대회는 10명씩 원고를 가지고 인터뷰를 진행한 후 대회에 참여하는 구조다.

막상 무대 위에서는 좀 떨렸는지, 나만 보고 열심히 발표하고 내려오더니 생각보다 떨려서 잘하지 못했다며 우울해했다. 사실 무대 위에 오르기 전에는 모르니까 떨림도 없었던 것이었다. 그러다 막상 올라가 보니 많은 사람이 보는 앞에서 자기가 준비한 것을 말하는 것이 쉽지 않음을 느끼고서는 뒤늦게 긴장한 것 같았다. 그래도 그동안 노력한 것과 첫 대회임을 강조하며 아이를 달랬고, 마지막 아이까지 보며 성적을 기다렸다.

드디어 나온 성적표…….

90점으로 최우수상이었다. 5점 부족으로 대상을 받지는 못했지만, 첫 대회인 데다가 스스로 원고를 쓰며 준비한 아이에게 최우수상은 대상과도 같은 의미였다.

생각보다 높은 점수에 우리 모두 너무 놀랐다. 동생들은 언니, 누나의 성과에 박수를 보냈고, 아이가 너무 떤 모습을 본 아빠는 기대도 안 하다가 아이의 성적표에 많이 놀라고 좋아했다.

돌아오는 길에 나는 이 상이 4년간 했던 엄마표 영어교육에 들인 노력의 결과물 같아서 흥분을 가라앉히지 못했다. 누구도 알아주지 않았고, 결과를 볼 수도 없었던 엄마표 영어교육의 결과는 가히 놀라웠다. 4년이 넘는 세월 동안 엄마표 영어교육을 열심히 했

다고 토닥이는 것 같아서 돌아오는 차 안에서 눈물이 났다. 남편에게도 이것 보라고 이야기하며 엄마표가 답이라고, 학원에 보내지 않고도 이런 결과를 얻을 수 있다고 말했다. 그동안 내가 열심히 했다며 알아달라고 사정하지는 않았지만, 알아주길 바라는 마음이 가득했음을 이야기했다.

그리고 며칠 뒤에 집으로 온 상장과 트로피……

너무 자랑스러운 우리 딸이었다. 본인도 만족스러워했고, 엄마인 나에게 감사의 표시도 해주었다.

엄마표 영어교육을 하는 모든 엄마에게 드리고 싶은 말이 있다.

엄마표 영어, 꼭 성공하시고 그 결과는 반드시 눈으로 확인하시기를 바란다.

꼭 상을 받아야 엄마표 영어가 성공한 것은 아니지만, 이렇게 때론 지도하는 자부심을 얻을 수 있고 아이가 자신감도 얻는다면 한 번쯤은 참여해 보는 것도 좋지 않을까 하는 개인적인 생각을 꺼내어 본다.

우리 아이는 인터뷰하는 시간에 원고에 대한 질문이 끝나고 적막이 흐르자 인터뷰 선생님과 자유롭게 대화하며 시간을 보냈다고 한다. 나는 그 인터뷰 시간 이후에 나눈 둘의 대화가 더 궁금하고 소중했다. 엄마표 영어교육의 목적은 아이가 영어로 말할 때 자유로울 수 있게 해주는 것이었다. 그 능력이 내 생각보다 대단했음에 놀랐던 날이었다.

이후로도 아이는 두 번의 스피킹 대회를 나갔고 모두 상을 받았다.

06

영어마을
4박 5일 체험하기

초등학교 3학년이던 큰애가 겨울방학 때 집에 안내장을 들고 왔다.

4학년부터 6학년까지 참여할 수 있는 4박 5일 인천 영어마을 프로그램에 관한 안내장이었다. 처음으로 친구들과 단체로 합숙하며 하는 활동인데 아이가 적극적으로 참여하길 원했다. 물론 4일이나 엄마, 아빠 없이 지내야 했기에 걱정했지만, 아이가 가고 싶어 했다. 다행히 참가비의 50%가 지원금으로 나와서 부담 없이 보낼 수 있었다. 신청 후 학교와 지역에 따라서 날짜는 추후에 공지되었는데, 아이는 4학년 초 학기 중에 가게 되었다. 물론 결석으로 처리되지 않았고, 아이는 그 점이 더 신난 듯 보였다. 엄마 입장에서는 아이가 잘하고 오기를 바라는 마음뿐이었다. 국제학교나 유학을 보낸 적이 없고 학원도 보내지 않아 외국인 선생님과 대화할 기회가 없었던 아이였다. 영어 마을 선생님과 마음껏 영어로 대화하며 즐기다 오기를 바랐다(사진은 2020년도 1분기 영어캠프 모집 안내장이다).

아이는 우리의 예상대로 너무나 신나게 놀다 왔다. 새로운 친구들과도 잘 어울렸다. 맏이인 아이는 언니, 오빠를 너무 좋아하는데 언니, 오빠들과 지낸 아이는 그것마저도 너무나 만족스러워했다. 너무 재밌었다고 내년에도 또 가고 싶다고 했다.

인천 영어마을의 4박 5일 영어캠프는 13가지의 직업 체험을 하

는 활동이다. 13개의 반으로 나누어서 수업하고 발표까지 하면서 4박 5일 동안 영어마을에서 생활한다. 각 반에서 점수가 제일 높은 아이에게는 상장과 상품도 준다.

큰아이는 4학년 때와 5학년 때 총 두 번의 영어캠프를 다녀왔다. 4학년 때는 처음이라 긴장도 많이 했단다. 5학년 때는 두 번째여서 그랬는지 몰라도 잘 즐기기만 하고 돌아온 줄 알았는데 상장을 들고 나타났다. 얼마나 기쁘던지. 그래, 역시 너는 엄마의 자랑스러운 딸이구나~! 잘 지내고 온 것도 좋은데 상장까지 들고 오다니. 아무리 성적은 상관없다고 하지만 받아서 오면 좋은 게 상인가 보다. 아이는 6학년 때도 1~4분기 중에서 3분기쯤에 가고 싶다고 하여 그날을 기다리고 있다.

올해는 둘째 아이가 4학년이 되었기에 함께 보낼 생각이다. 따로 가길 원한다면 차후 아이들과 의논하여 정할 것이다. 이처럼 나는 엄마표 영어교육을 진행하며 영상 노출과 책 노출 외에도 영어로 할 수 있는 활동을 최대한 많이 지원해 주려고 노력한다.

가끔 아이는 나에게 영어를 해야 하는 이유를 물어 오곤 한다. 그럴 때는 막연하게 "세계 공용어니까 해야 해."라고 하는 것보다 정말 어떻게 쓰고 사용하는지, 영어를 하면 어떤 상황에서 어떻게 쓰일 수 있는지 이런 체험들을 알려 줄 수 있다. 간접 체험보다 직접 체험이 더욱 효과가 크다. 백 번 설명하는 것보다 한 번 보여 주는 것이 아이들을 이해시키고 납득시키는데 효과가 더 좋다. 물론 미국이나 캐나다 같은 영어권 나라에 데려가서 직접 보여 주면 좋겠지만 현실적으로, 금전적으로 어려우니 다른 대안을 찾아서 아이에게 보여 주는 것이다. 그렇게 아이 스스로 느끼게 되면 이후로 엄마표 영어교육을 진행하면서 더 이상 왜 영어를 해야 하는지 질문하지 않는다. 우리 집의 세 아

이는 이제 더 이상 질문하지 않는다.

영어캠프에서 지낸 며칠이 아이는 좋았는지, 두 번 다녀온 후에는 12박 13일 프로그램에 가고 싶다고 한다. 더 오래 있고 싶다고 한다. 보내 주고 싶은데 12박 13일은 지원금이 없다. 그 정도 금액이면 그냥 한 달 살이를 하는 게 더 나을 듯하여 보내지 않았다.

앞으로 세 아이 모두 영어캠프에는 보내려고 한다. 50% 지원금이 제법 솔깃하기 때문이다. 그리고 4박 5일은 엄마에게 주어지는 나름의 휴가 같기도 해서!

07

"우리 엄마가
샤이^{Shy}해요."

여러분은 영어를 잘하는가?

돼끼맘은 앞서 얘기했듯이 영어를 잘하지 못한다. 사실 아이들 엄마표 영어교육을 하면서 나도 영어에 대한 목마름이 있어서 영어를 같이 공부했다. 하면 할수록 잘 따라와 주는 아이가 참 고마웠다. 생각보다 매일 보는 DVD가 어려웠고, 책 읽기도 쉽지 않았다. 그렇게 하루하루를 보내다가 필리핀의 알라방이라는 지역에 두 달 살기를 하러 갔다. 처음에 남편이 이 방법을 권했을 때, 새로운 곳에서 두 달을 산다는 것이 쉽지만은 않았다. 그래도 남편이 강력히 추진하고 또 아이들과 함께 이런 기회가 아니면 언제 또 외국에서 살아보랴 생각하고 떠났다. 처음 일주일 정도는 남편이 같이 있어 줘서 다행이었다. 적응도 시켜 주고 쇼핑몰 위치나 그랩 택시 잡는 법도 알려 주었으며, 스마트폰도 필리핀 번호로 유심칩을 바꾸고 데이터도 넣어 주었다. 어느 정도 직접 해 보니 큰 어려움 없이 지내겠구나 했다. 아이들 학습은 어차피 엄마표로 진행하고 있어서 특별히 다를 것도 없었다. 그렇게 적응을 마치고 남편도 한국으로 일하러 돌아가고 아이들과 함께 외출했다. 택시 기사는 여자가 아이들 셋과 함께 다니니 신기했는지 이것저것 물어보았다.

그래서 들리는 대로 열심히 대답하며 대화하고 있는데 큰아이가 갑자기 얘기했다. "My mom is shy." 엥? 당황스러웠다. 사실 난 부끄럽지는 않았다. 그냥 유창하게 말하지 못하는 것이 조금 답답할 뿐이지, 부끄러운 것은 아니었다. 그런데 아이는 왜 그렇게 얘기한 걸까?

나중에 집에 돌아와서 아이에게 물어보았다. "아까 택시에서 엄마가 샤이하다고 한 거, 왜 그런 거야?" 그랬더니 아이는 "엄마가 더듬더듬하니까."라고 대답했다.

어머나! 아이가 엄마의 더듬거리는 말을 뒤에서 듣고는 엄마가 부끄러워서 그런 줄 알았나 보다. 아직 엄마가 영어를 엄청나게 잘한다고 생각하는 아이는 엄마가 현지인과 더듬거리는 모습이 부끄러워서 그런 거라고 생각했나 보다.

나는 왜 더듬거린 걸까? 말하려니 자꾸 문법 생각이 났고, 말이 얼른 생각이 안 났으며, 그간 말하는 연습을 안 하다 보니 어떻게 말해야 하는지 그 짧은 순간 동안에도 머릿속이 너무 바빴기 때문이다. 그러다 보니 더듬더듬 말하게 되었고, 그게 나의 스피치 수준이었다. 그런 엄마가 샤이하다는 아이였다.

아이에게 보여 준 건 그것뿐만이 아니었나 보다. 엄마는 부끄러워도 말하려고 했고, 그렇게 말하는 엄마를 보고 아이도 말할 용기가 생긴 것 같았다. 물론 지금은 엄마의 수준을 너무도 잘 알아서 이젠 말 한마디 하려고 하면 발음 지적과 문법 지적도 한다. 그런 딸이 이제는 너무나 대견하지만, 그때가 그립기도 하다. 엄마의 실력을 최고라고 생각하던 딸이 그립다.

영어를 잘한다면 더없이 좋겠지만. 영어를 못 한다고 해서 절대 걱정하지 말자. 때론 좋은 영향으로 아이에게 도움이 될 수도 있다. 부끄러워하는 엄마가 자신을 데리고 다니기 위해 영어를 열심히 말했던 것을 알고 말할 용기를 가졌던 돼끼맘의 큰딸처럼 말이다. 엄마표 영어교육에서는 엄마의 영어 실력보다 매일 하는 영어 노출이 아이의 영어 실력을 만든다.

08

첫째 아이가 말하기가 되고 나니 둘째, 셋째 아이의 영어 스피킹 선생님이 되었다

기억은 잘 안 나지만,

첫 아이를 잘 키워놓으면 나머지는 따라온다고 누가 말했던가? 그래서 다들 첫 아이에게 공을 그렇게 들이는 건가 싶다. 그렇게 하려던 것은 아니지만 나도 모르게 열심히 공들여서 키운 첫째! 그 아이는 나의 로망인 프리 토킹이 가능하다. 그것도 초등학교 3학년, 즉고작 10살 때 이것을 이루었다! 사실 아이에게 영어로 대화할 수 있는 상대가 못 되는 나 자신이 너무 속상했다. 엄마가 영어를 좀 더 잘했더라면 영어 말하기 상대가 되어 주었을 텐데……. 그래도 혼자 잘하는 아이가 대견스럽다. 그런데 나에게는 첫째 말고도 둘째와 셋째 아이가 있다. 첫째 아이는 엄청난 영어 노출로 말을 했다.

그럼 둘째, 셋째 아이도? 그렇다. 초등학교 3학년, 1학년인 둘째와 셋째 아이도 영어 노출이 첫째 아이만큼은 축적이 되었다. 다만 나이가 어릴 뿐이다. 그런데 요즘 첫째 아이가 둘째와 셋째 아이에게 영어로 장난을 치니 신기하게 한국어로 대화하고 놀던 둘째, 셋째 아이도 영어로 대답하면서 같이 장난을 친다. 어느 날은 그러다가 첫째 아이가 쓱 자리를 비웠는데 둘째 아이와 셋째 아이가 둘이서 영어로 장난을 치는 것이다. 영어를 처음 말할 때는 처음부터 아이들이 완벽한 문장을 구사하지는 않는다. 둘째, 셋째 아이도 "I'm monster!", "NO! I'm monster!"라는 아주 간단한 말로 장난을 쳤다. 원래 언어를 처음부터 길고 완벽한 표현으로 구사하는 사람이 어디 있나? 이렇게 간단한 말로 시작해서 점점 살을 붙여서 길고 다양하게 얘기하는 것이다.

그리고 며칠 후에는 첫째 아이가 강아지들에게 말하는 것을 보던 둘째 아이가 같이 놀기 시작했다. 마찬가지로 영어로! 시작하기가 어렵지, 말하기 시작하면 아이들은 2~3년간 노출된 시간에 비례해서 폭발적으로 말하기 시작한다.

또 며칠 후(한번 하기 시작하니 점점 간격이 좁아지면서 아이들끼리 영어로 말하고 놀았다)에는 둘째 아이가 셋째 아이에게 강아지를 데리고 영어로 말하며 놀아 주고 있었다.

우리 집 아이들은 평일에 열심히 본인의 일을 하면 포상으로 주말 동안에는 유튜브(youtube)와 마인크래프트 게임을 하게 해준다.

마인크래프트 게임을 할 때, 첫째 아이에게 30분 정도 영어로 대화하라고 했다. 아이는 거부감 없이 "YES."라고 대답하더니 영어로 대화하며 게임을 했다. 아직 모르는 게 많은 둘째와 셋째 아이는 모르는 건 첫째 아이에게 물어보면서 영어로 대화했다. 여기서도 영어 스피킹 선생님인 첫째 아이!

그래서 첫째 아이에게 어느 날 부탁했다. 매일 동생들과 영어로 얘기해 달라고. 첫째 아이는 어렵지 않다면서 장난치고 놀 때 영어로 말하기 시작했다. 둘째, 셋째 아이도 영어로 얘기하는 첫째 아이가 이제는 익숙한지 영어로 얘기하면 영어로 대답하고 한국어로 얘기하면 한국어로 대답한다.

첫째 아이가 영어로 자유롭게 말하니 굳이 돈을 들여서 아이들에게 화상 영어교육을 할 필요가 없어졌다. 돈 굳었다~! 하하하. 그 대신 첫째 아이에게는 둘째와 셋째 아이 몰래 용돈을 조금 더 준다. 이러면서 첫째 아이는 책임감과 자부심을 느끼고, 둘째와 셋째 아이에겐 훌륭한 선생님이 생겼으며 엄마, 아빠는 화상 통화료가 굳었다.

열심히 엄마표 영어교육을 받은 첫 아이! 둘째, 셋째 아이의 스피킹 선생님이 되었다.

09

필리핀
두달살이

돼끼맘 주변의 많은 분이
우리 아이의 영어 실력은 필리핀을 자주 가서 그런 거라고 오해한
다. 단번에 말씀드리면 '아니다.' 고작 두 달 살이를 몇 번 간다고 영
어가 확 늘지도 않을뿐더러, 돼끼맘은 필리핀에 가서도 아이들을
어학원에 보내지 않고 한국에서와 똑같이 엄마표 영어교육을 한
다. 즉, 장소만 바뀔 뿐 교육은 여전히 엄마표라는 것이다.

　돼끼맘의 필리핀 두 달 살이 동안 과연 돼끼맘은 영어교육을 어
떻게 했는지 궁금해하시는 분들을 위해 몇 가지를 알려드리려고 한
다.

　우선 내가 아이들과 첫 필리핀 두 달 살이를 하러 간 것은 2016년 7월이었다. 큰아이가 초등학교 2학년, 둘째 아이가 7살, 셋째 아이가 5살 때였다. 정말 아무런 준비 없이 남편이 다 준비했으니 짐만 싸라고 보름 정도의 시간을 받은 게 첫 두 달 살이의 시작이었다. 우선 엄마표 영어교육을 하고 있었기 때문에 짐은 아이들 스터디 스케줄을 보고 책을 우선적으로 담았다. 필요한 책은 중고 사이트를 이용하여 저렴한 가격에 받을 수 있었고, 노트북이 필수품이었다. 또한, 아이들이 읽을 만한 책도 몇 권 챙겨서 갔다. 처음 두 달 살이 장소는 필리핀 마닐라의 남쪽에 위치한 알라방이라는 곳이었다. 그곳을 선택한 것은 내 의지가 아니라 남편이 마닐라에 출장을 갔다가 어찌어찌 검색하여 가 본 곳이라서였다. 처음에는 아무것도 모르니까 어학원을 통해서 가게 되었다. 현재는 운영하고 있지 않지만, 만약 돼끼맘이 또 알라방에 간다면, 그리고 그럴 일은 없겠지만 어학원을 보낸다면 보내고픈 곳이기도 하다. 그 이유는 어학원의 특징인 단어 외우기가 없고 아이들을 생각하는 원장님의 마인드가 너무 좋았기 때문이다. 아마도 두 달 살이의 좋은 첫 이미지는 이곳 덕분에 생긴 게 아닌가 싶다. 하지만 어학원이 문을 닫은 걸 보면 그런 생각은 나만 하나 보다. 어학연수는 짧은 기간 안에 투자 대비 효과를 내야 하는데, 그러기 위한 방법은 사실상 단어 암기뿐이다. 그리고 화려한 활동지들……. 아무튼 돼끼맘이 처음 간 알라방에서 아이들은 너무 어렸기 때문에 어학원에 다닌다기보다는 그냥 보육을 잠시 맡긴다고 생각하고 보냈다. 내가 느끼기에는 어학원으로서의 효과보다는 누군가 알고 있는 사람이 있고 물어볼 사람이 있다는 것이 더 좋았다. 또한, 첫째 아이와 둘째 아이가 어학원에 가면 나는 셋째와 있어서 안심이었다. 그 5살짜리 꼬마가 무슨 힘이 있어서 엄마를 지킬 수 있을까? 그냥 존재만으로도 좋았다. 든든했고, 아이와 함께 다니는 엄마는 어디서든 배려를 받을 수 있었기 때문이다.

그렇게 시작한 알라방에서의 두 달 살이는 곧바로 아이들과 엄마표 영어교육을 하는 것으로 시작했다. 어학원에 아침 일찍 가는 것이 아니었기 때문에 어학원에 가기 전의 시간을 활용해서 엄마표 영어교육과 학습을 하였고, 어학원 차량이 오면 첫째 아이와 둘째 아이를 태워서 보내고 셋째 아이는 집안일을 함께 했다. 그리고 어학원이 끝날 때쯤에 아이들을 데리러 가서 근처 쇼핑몰에서 장을 보거나 아니면 아이들이 돌아오면 곧바로 수영 놀이를 즐겼다. 찾아오는 사람이 없고 지인들과 함께한 것이 아니니 우리들만의 스케줄로 생활했다.

그리고 이어진 두 번째 두 달 살이!

2017년 12월이었다. 1년 반 만에 같은 곳, 알라방을 다시 찾았다. 이때부터 우리는 어학원 없는 두 달 살이를 했다. 대신 어학원에 다닐 비용으로 아이들과 필리핀 마닐라 지역의 아이들과 함께 체험할 거리를 찾아다니겠노라 마음속으로 다짐했다.

두 번째라서 아이들도 친숙하게 느끼고 더 잘 돌아다녔다. 물론 아침 시간에는 무조건 엄마표 영어교육을 했다.

엄마표 영어교육 스케줄에 따라서 아이들은 일어나자마자 현지에서 방영하는 어린이 프로그램을 보았다. 한국에서 하는 디즈니뿐만 아니라 카툰 네트워크와 니켈로디언 등 여러 방송 채널을 영어로 볼 수 있었다. 또한, 스마트폰을 현지 유심칩으로 바꾸고 데이터를 구매해서 인터넷이 필요한 학습이나 남편과의 카톡 메시지에 사용했다. 가끔 아이들에게 유튜브를 볼 수 있는 기회도 주었다. 그리고 아이들은 아침 식사 후에는 식탁 앞에 앉아서 각자의 할 일을 했다.

두 번째로 갔을 때는 큰아이가 초등학교 3학년, 둘째 아이는 초등학교 1학년, 셋째 아이는 6살이었다. 큰아이는 여러 가지 공부할 문제집과 책들을 가지고 갔고, 둘째 아이도 문제집과 영어 관련 책, 셋째 아이는 현지에서 구매한 다양한 학습지를 사서 엄마표 영어교육을 진행했다. 이때도 학습에 필요한 짐 무게가 어마어마했지만,

〈드림플레이〉

남편이 데려다주었기 때문에 5명의 짐 무게 제한이 20㎏씩이라 총 100㎏의 짐을 가지고 갈 수 있었다. 그중 반 가까이가 책이었고, 나머지 반의 대부분은 물놀이용품들이었다. 그 나머지는 옷이었는데, 식품은 급하게 먹을 것만 가져가고 나머지는 현지에도 한국 마트가 있어서 그곳을 종종 이용했다.

　오전에 각자에게 주어진 일을 다 하고 나면 계획했던 대로 마닐라 주변에서 아이들과 함께 가 볼 만한 곳을 찾아다녔다. 여기에는 이유가 있는데, 이것이 좀 중요하다. 아이들과 어학연수를 가면 분

〈키자니아〉

명히 아이들은 한국인이 운영하는 어학원에 갈 것이다. 어학원에는 물론 현지 선생님들도 있지만, 아이들에게 불편한 느낌을 주지 않기 위해 한국인 선생님도 있다.

그리고 워낙 많은 아이가 어학연수를 오기 때문에 영어보다는 한국어 사용이 더 잦을 수밖에 없다. 물론 어학원에서 영어 사용을 권하겠지만. 그럴 때 현지에 있는 체험 가능한 곳을 다니면 또래 아이들을 만날 수도 있고, 영어를 사용해야 자신이 원하는 것이나 궁금증을 해결할 수 있다. 이때 굳이 엄마가 알려 주고 대신 물어봐 주는 친절은 베풀지 않아도 된다.

마닐라 도심은 알라방에서 한 시간 내로 도착이 가능하다. 이동은 그랩이라는 콜택시를 통해서 이동했다. 그랩은 택시는 아니고 자가용의 일종인데, 보통 600페소 정도, 한국 돈으로 13,000~14,000원이 들었다. 그랩을 이용해서 마닐라 도심에 가면 우리 아이들이 한국에서 한 번도 못 가 본 키자니아가 있다. 물론 한국의 키자니아처럼 이곳도 직업 체험을 하는 곳이다.

이곳에서 아이들은 엄마 없이 자신의 능력으로 설명을 듣고 따라 해서 돈을 벌어야 한다. 자연스럽게 영어를 구사할 수밖에 없다. 우리는 보통 평일에 많이 움직였는데, 우리가 방문했던 그날은 마침 필리핀 어느 학교에서도 이곳을 방문했다.

큰딸은 우연히 알게 된 필리핀 친구에게 그곳을 소개하며 같이 이동하고 이야기를 나누며 놀았다. 같은 또래와 이야기한다는 것은 선생님과는 다른 교육이 된다. 둘째 아이도 신생아실 체험을 하고팠는지 들어가서는 선생님의 설명을 눈을 동그랗게 뜨고 듣더니 곧잘 따라 했다. 아이들이 100% 알아듣지 못해도 된다. 어차피 눈빛과 표정과 몸짓이 있으니까! 그곳에서 "너 알아들었어? 뭐래?"라고 묻는 행위는 하지 말자. 놀자고 온 곳인데 굳이 평가할 필요가 있을까? 아이들이 놀 수 있도록 해주어야 한다. 그래야 언어로서의 영어를 습득할 수 있다.

키자니아 외에도 오션 파크와 드림플레이에도 갔다. 알라방 근처 쇼핑몰에 있는 트램펄린장과 키즈 카페는 단골이 될 정도로 많이 방문했다. 하지만 절대로 주말에는 가지 않았다. 우리는 그렇게 신나게 필리핀에서 두 달을 보내고 왔다. 어학원에 다니지는 않았지만, 아이들이 영어로 말할 기회를 충분히 제공하였고, 주변의 방해 없이 충분한 TV 시청으로 노출 시간을 채우고 영어책도 보았으며 학교 학습의 복습과 예습도 하면서 아주 알차게 보내고 왔다. 나는 너무나 알차게 학습해서 뿌듯했고 아이들은 오전 외에는 열심히 놀고 수영하고 다니느라 신나게 논 기억만 남으니 서로 윈윈(WIN-WIN)하는 두 달 살이였다.

세 번째 두 달 살이는 2018년 7월에 간 필리핀 세부에서였다. 세부는 알라방과 다르게 호텔에서 두 달을 지냈다. 물론 여기서도 우리의 학습은 똑같이 이루어졌다. 아침 식사 후 30분의 휴식 시간을 갖고 나면 엄마표 영어교육이 이루어졌다.

물론 어학원은 보내지 않았다. 아침 식사 후 대부분의 아이들은 호텔 앞에서 어학원 픽업 차량을 타고 떠났지만, 우리 아이들은 엄마와 함께 각자의 공부를 했다. 큰딸은 초등학교 4학년, 둘째 아이는 초등학교 2학년, 셋째 아이는 7살이었다.

세부는 휴양지여서 알라방보다 갈 곳도 많고 물가도 조금 비싼 듯했지만, 역시나 어학원 비용을 줄이고 갔다. 호텔 7층에 묵었는데 그 호텔은 6층이 수영장이었다. 연간 회원권을 끊고 매일 수영했다. 어느 날은 필리핀 가족이 수영장에 놀러 왔는데 마침 큰아이와 같은 또래의 아이가 있었다. 그 아이는 큰아이의 적극성으로 친구가 되어 온종일 서로 대화하며 수영을 즐겼다.

알라방에서와 마찬가지로 오전에 일과를 하고 오후는 자유였기 때문에 아이들은 그냥 논다고 생각했다. 우리가 묵었던 호텔은 쇼핑몰과 함께 있었는데 영화관도 있었다. 거기서 때마침 개봉한

〈몬스터 호텔 2〉를 볼 수 있었다. 그렇게 우리는 자막 없이 영어만 나오는 영화관을 처음 방문했다. 역시나 재밌게 보고 나온 아이들. 100% 이해하는 것은 바라지 말자. 재밌게 보고 나왔고, 아이가 외국 영화관을 갔다 왔다는 것만으로 만족스러웠다.

이렇게 나는 충분한 영상 노출과 학습으로 만족스러운 두 달 살이를 보냈다.

아이들과 필리핀 두 달 살이를 하면서 얻은 것은 충분한 학습 시간이었다. 아이들은 틈틈이 영어로 말할 기회를 얻을 수 있었다.

10

해외여행은
최고의 실전 타임!
-영어하면 코인 하나

아는 지인이 괌에서 게스트하우스를 운영하고 있었다. 가족여행 장소로 필리핀이 아닌 다른 곳을 알아보던 차에 지인의 게스트하우스를 가기로 했다. 열흘 정도의 긴 여행이었는데, 그간의 여행 경험으로 아이들과 자유 여행을 계획했다. 큰아이가 초등학교 3학년 때였고, 엄마표 영어교육 3년 차에 접어들 무렵이었다. 자유 여행으로 계획해서 간 이유는 아이들과 우리 가족의 스케줄에 맞는 여행을 하고 싶었기 때문이었다. 또 지인의 도움을 받을 수도 있으니 어렵지 않았다.

도착해서 아이들과 이곳, 저곳을 다니던 중에 큰아이의 모습에 좀 놀랐다. 적극적으로 직원과 대화하고 필요한 것이 있으면 식당

종업원에게 요구하는 등 너무 편안하게 혼자서 말하는 것이 아닌가. 그동안 잠재되어 있던 영어가 마구마구 쏟아지는 것 같았다. 그때 나는 생각했다. 우리 아이들에게 내가 영어를 그토록 시키고 싶었던 이유가 바로 이것이라고!

얼마나 행복했는지 모른다. 사실 그동안 엄마표 영어교육을 진행하면서 중간중간 맞나 싶기도 한 내 마음은 나밖에 모르던 고민이었다. 근데 아이 모습을 보니 '아! 이게 맞는 거였어.'라는 생각이 들었다. 단어를 백 개 외우는 것도 아니고 시험을 백 점 맞는 것도 아니고, 여행을 저렇게 편안하게 즐겁게 다니는 게 내가 바라던 아이의 모습이었다.

근데 아이는 정작 해 보라고 하면 참 조용해졌다. 억지로 시킬 수도 없어서 고민하던 차에 남편이 아이에게 제안했다.

"엄마가 도움이 필요할 때 네가 도와준다면 아빠가 코인(동전)을 줄게! 그게 바로 통역이라는 거야. 네가 통역을 한다면 한 건당 한 개의 코인을 아빠가 줄게."

아이는 그제야 적극적으로 영어로 말하기 시작했다. 사실 굳이 도움이 필요 없을 때도 와서 나를 도와준다며 적극적으로 통역을 해주는 것이었다. 가끔은 일부러 아깝다고도 하며 좀 더 적극적으로 유도했다. 그랬더니 지켜보던 둘째 아이도 자기도 알아들었는데 말을 할 수가 없다며 속상해했다. 그래서 둘째 아이에게는 이렇게 말했다.

"너는 영어를 이해하기만 해도 줄게. 이해가 된다면 엄마, 아빠에게 말해 주겠니?"

1학년인 둘째는 고개를 끄덕이며 좋다고 했다.

이렇게 첫째 아이로 인해 둘째 아이도 듣는 귀를 쫑긋대며 들었다고 기뻐할 때마다 코인을 주었다.

아이들은 자연스럽게 영어를 즐기게 되었고, 자연적으로 괌 여행은 아이들에게 새롭고 재밌는 여행이 되었다. 2년이 넘게 흐른 지금까지도 아이들은 다시 가고 싶은 여행으로 괌을 선택한다. 아마 그때의 재밌었던 기억이 아이들에게도 남아 있어서 그렇지 않을까?

해외여행을 계획했다면 꼭 아이에게 말할 수 있는 기회를 주어야 한다. 얼마나 좋은 기회인가. 학원 선생님도 아닌 현지인에게 생활 영어를 할 수 있는 최고의 실전 타임인 것이다. 그 기회를 때론 금액을 지불하면서 겪어 보는 것도 좋은 일이다. 아이들이 할 수 있도록 적절한 보상을 제공하면 쭈뼛대던 아이도 적극성을 띠게 될 것이다. 왜 공짜로 아이들의 실력을 테스트하려고 하나? 시험을 볼 때도 시험료, 응시료를 내는데 말이다. 아이들의 실력을 보고 싶다면 그에 상응하는 관람료 정도는 지불하는 센스 있는 아빠, 엄마가 되기를 바란다.

11

트래블러 Traveler가 되고 싶다는 딸을 응원한다

아이의 꿈은 참 수시로 잘 바뀌는 것 같다. 엄마와 요리할 때면 요리사가 되고 싶다고 하고, 동물원에 가면 수의사가 되고 싶다고 하고, 선생님이 마음에 드는 날이면 선생님이 되고 싶다고 하고, 유튜브에서 좋아하는 크리에이터를 보면 유튜버가 되고 싶다고 한다.

이번에 큰아이가 'ESU KOREA Speaking Competition' 영어말하기대회에 참가하는데, 주제가 'My Biggest Dream'이다. 아이가 먼저 영어말하기대회에 나가 보고 싶다고 말해서 접수하고 예선을 준비하게 되었다. 얼마 전까지만 해도 자신은 꿈이 없다고 고민이 많았던 아이였다. 그런 아이가 주제를 듣고 단박에 'Traveler'라고 한다. 이 말을 듣는 순간 너무 소름이 돋았다. 영어를 구사하고 어디를 가든 금방 친구를 사귀는 사교적인 성격의 아이, 힘들어하는 사람에게 사랑을 줄줄 아는 아이, 맛있는 음식을 좋아해서 여러 나라의 음식을 직접 먹어 보고 싶어 하는 아이인 내 딸이 트래블러(Traveler)가 되고 싶다니! 너무나도 잘 해낼 것만 같은 느낌이 들었다. 사실 아이가 최근에 이런 말을 한 적이 있다. 20살이 되면 친한 친구와 미국 여행을 가고 싶다는 말이었다. 한 달 동안 미국 전역을 돌아다니고 싶다고 했다. 영어가 되니 자유로운 꿈을 꾸는 아이가 너무 대견하다. 엄마도 같이 가 보고 싶다고 했더니 자신이 미국에 먼저 가 보고, 엄마에게 좋은 곳만 소개해 주겠다고 했다.

무언가 목표가 생기면 힘들고 지쳐도 달려갈 힘이 생기는 법이다. 아이에게 꿈이 생겼으니 앞으로 더 열심히 서포트하면 더 높이 날 것 같은 느낌이 든다.

말하기대회 발표를 준비하면서 원고는 아이에게 직접 쓰게 했다. 물론 전문적인 도움을 받아서 쓰면 더 좋은 원고가 나올 수는 있다. 하지만 그건 진정한 아이의 실력이 아니지 않을까 싶었다. 아이가 본인의 꿈을 이야기하고 자신의 이야기를 하는데 다른 사람의 문체와 단어는 아이의 감정을 다 담을 수 없으니까.

지난 대회 때는 맛집 소개를 하는데 아이가 'tasty'라고 했다. 난 왜 'delicious'가 아니고 'tasty'냐고 물었다. 그랬더니 아이는 자신은

'tasty'가 더 멋진 느낌이 들고 좋다고 했다. 같은 의미여도 아이의 마음이 담긴 단어를 사용한 것이다. 자신만의 단어 선택이나 문체는 그 아이가 가진 매력인 것이다. 그래서 나는 성적이 어떻든 간에 본인의 능력으로 대회에 참가하길 바랐다. 그래서 상을 받는다면 성취감이 더 생길 테니까. 그래서 발표 원고는 본인이 직접 쓰게 했고 앞으로도 그럴 예정이다.

트래블러(Traveler)라고 얘기하고 녹음하면서 원고를 완성해 가는 아이를 보니 더 대단했다. 자신의 실력과 두 번의 대회 출전 경험은 아이를 더 성장시켰다.

원고에는 나의 교육관에 대한 아이의 이해가 담겨 있었다. 나는 앞서도 말했지만, 아이에게 영어를 가르쳐 주는 이유로 "아이가 자유로이 외국 여행을 할 수 있도록 하기 위함이다."라고 했다. 그 마음은 지금도 변함이 없다. 아이는 이 점을 정확히 알고 있었고, 이해한 뒤에 원고에 이 이야기를 담았다.

"엄마가 나에게 영어 공부를 시킨 것은 여행을 마음껏 다니게 해주려는 것이라고 했다(My mom said Why learn English because it is too easy to travel around the world)."

'맞아, 맞아. 아가야! 네가 트래블러가 된다면 엄마는 얼마든지

너의 꿈을 응원할 거야!'

아이에게 영어를 가르치는 데는 엄마마다 다 각자의 이유가 있겠지만, 난 절대로 아이의 성적을 높이기 위해서 영어를 교육한 것이 아니다. 나는 아이가 영어를 학습이 아닌 습득, 언어로 받아들이기를 바랐다. 더 넓은 세상을 더 멋지게 살기 바래서였다. 그런 엄마의 마음을 알아주는 아이에게 고맙기도 하고 잘 따라와 준 아이에게 감사했다. 최선을 다했지만, 엄마도 부족한 점이 많아서 그동안 아이에게 교육적으로 실수도 했을 것이고 상처도 줬을 것이다. 하지만 그렇다고 해서 마냥 주저앉지는 않았다. 반성했고 사과하며 아이에게 솔직하게 다가갔다. 아이는 점점 성장했고 그 성장만큼 엄마로서 나도 성장했다. 엄마에게 고맙다고 말하는 아이. 아이만 고마운 걸까? 나도 고맙다. 열심히 따라와 주고 잘 즐겨 준 아이에게 너무나도 고맙다.

맛난 음식도 먹고 싶고 여러 친구도 만나고 싶다는 아이! 영어가 되기에 아이는 꿈을 크게 갖는다. 그 큰 꿈에 한 몫한 것에 나 스스로 너무 뿌듯하다. 엄마표 영어교육이란 이런 것이다. 매달 돈을 주고 학원에 보내서 아이를 학원에만 맡기는 것이 아니다. 내 아이와 내가 만들어 가는 교육은 단순히 영어를 공부하고 습득하는 것이 아니다. 아이의 꿈을 같이 찾고 노력하고 발견하는 것이다. 엄마표 영어교육을 너무 가볍게 보지 않기를 바란다. 자부심을 갖기를 바란다. 내가 내 아이에 대한 자부심이 있고 나에 대한 자부심이 있듯이.

나는 이제 엄마표 영어교육에 성공했다고 말한다! 나는 성공했다. 아이의 반 1등, 전교 1등이 목표가 아니었다. 그래서 성공했다. 듣고, 말하고, 읽고, 쓰는 영어! 아이는 영어를 언어로 습득했다. 그리고 꿈도 더 높고 넓게 갖게 되었다.

'아가야! 넌 크게 될 것이야! 언어가 자유로워서, 너의 성격이 밝고 착해서, 영혼이 자유로워서. 네가 이루고자 하는 꿈, 트래블러(Traveler)! 될 거야! 아직은 작지만, 이제 6년 후면 성인이 될 아이! 너의 6년 후가 너무나 기대된다. 엄마와 아빠는 네 꿈을 응원해! 고마워, 잘 따라와 주어서! 앞으로도 열심히 해 보자꾸나! 사랑해!'

Chapter

6

돼끼맘이 엄마표 영어교육을
시작하려는
엄마들에게 하고 싶은 말

01

말하기, 듣기는 쓰고 읽기보다 쉽게 익힐 수 있다

우리나라 학생들은 12년 혹은 그 이상 되는 기간 동안 영어를 공부한다. 그런데 졸업 후에 대학생이 되면 또 영어회화 학원에 등록해서 또 영어 공부를 한다. 그것뿐인가? 취업해서도 진급을 위해 매일 새벽에 영어학원에 다니는 분들도 있다. 이게 말이 되는가? 세계에서 머리가 나쁜 편도 아니고 머리로는 부족함이 없는 대한민국의 브레인들이 말하기가 안 되서 12년을 공부하고 또 하고 또 한다. 자기 발전을 위한 전문 지식을 공부하는 것이 아니라 토익이나 토플을 공부한다는 것이다. 12년을 공부했는데 말이다……. 최소 12년이다. 시간뿐인가? 금전적인 부분도 무시할 수 없다. 영어 과외나 학원까지 어마어마하게 투자

한다. 이렇게 시간과 돈을 투자하는 데도 공항에서 어학연수를 다녀온 학생들에게 외국인이 다가가 질문하면 어째서 전혀 대화가 안 되는 걸까?

필리핀에 가 보면 대부분의 사람이 영어를 구사한다. 물론 그들은 모국어도 있다. 모국어는 따갈로그어라고 한다. 흔히 필리핀 영어라고 하는데, 물론 현지 미국인들과 발음이 조금 다른 필리핀식 영어일지라도 그들은 모두 영어를 구사할 줄 안다. 필리핀 사람들의 발음을 지적하면서 우리는 그것조차 못하고 있지 않은가?

과연 그들이 한국인보다 똑똑해서일까? 아니다. 그들은 우리보다 영어에 노출되어 있고, 말할 기회가 많아서 듣고 말하기가 되는 것이다. 필리핀 TV 프로그램은 모두 영어로 방송된다. 그렇다면 그들의 영어 능력은 어느 정도일까? 물론 말은 잘하고 잘 듣지만, 읽고 쓰는 것은 못 하는 사람도 많다. 그럼 대부분의 필리핀 사람은 영어를 구사하는데 왜 그보다 적은 사람이 읽고 쓰는 것일까? 노출이 충분하다면 말하기, 듣기가 읽고 쓰기보다 쉬울 수 있다. 우리나라 학생은 읽고 쓰는 것에 너무 집중된 학습을 하고 있다. 만약 듣고 말하기에 집중한다면 충분히 말하고 듣는 것을 잘할 수 있다.

우리나라 아이들은 초등학생이 되면 대부분 영어학원에 다닌다. 학원에서 배우는 시간, 학교에서 배우는 시간을 모두 합하면 영어 노출 시간이 얼마나 될까? DVD나 흘려듣기는 영어에 노출할 수 있는 중요한 도구이자 영어교육의 필수 방법이다. 하지만 학교에서도 한글과 함께 영어 노출 시간을 보내고, 학원에서도 문법과 단어를 숙지하고 문제 푸느라 입으로 말하는 시간은 너무나 적다. 듣는 것도 마찬가지이다.

영어 노출의 시간 정도가 우리 아이의 말하기를 빠르게 혹은 느리게 가져올 뿐이다! 누구나 영어 말하기는 할 수 있다. 못 믿겠다면 영어 노출 시간을 한 달, 아니 하루만이라도 체크해 보기를 권한다. 생각보다 아주 적은 시간임을 아시게 될 것이다.

말하기, 듣기는 영어 노출 시간만으로도 충분히 할 수 있다. 우리 아이는 매일 최소 3시간 정도 노출했다. 물론 DK 단어 공부나 컴퓨터 학습도 하루 30분 정도 같이 병행했지만, 절대 단어를 쓰거나 암기를 시키지는 않았다. 단지 따라서 말하고 눈으로 보기만 했을 뿐이다. 그런 아이에게서 나온 첫 번째 반응은 영어 영상을 보고 이해한 뒤에 웃긴 포인트에서 깔깔대며 웃는 것이었다. 또한, 책의 음원을 들려주면 재미있어서 집중해서 듣게 되었다. 그리고 두 번째는 영어로 조금씩 말하는 것이었다. 완벽한 문장은 아니었으나 아이가 하고 싶은 말을 조금씩 해나갔다. 예를 들면 3살짜리 아이들이 하는 대화를 아이는 영어 노출 시간이 2,000시간이 넘을 때쯤 하기 시작했다. 2,000시간을 달성하는 데 걸린 기간은 대략 2년이었다. 그때 아이가 말했던 내용은 이러했다.

"My family is five. my dog is three. one dog name is mongsil. two dog name is big boss, three dog name is milk!"

우리 가족 소개를 하면서 강아지 이름을 소개했다. 밥을 먹다 말고 손에 쌈밥을 들고 초등학교 2학년짜리가 하는 말이었다. 틀린 곳도 있지만, 이날 나는 너무나 기뻤다. 아이가 따라서 하는 것이 아니라 자신이 하고 싶은 말을 서툴지만 하고 있었다. 이때 아이는 영어를 읽거나 쓰는 능력은 없었다. 오직 듣고 말하기가 먼저 나왔다. DVD 시청만으로 얻은 효과였다.

우리나라 아이들의 영어 흥미 정도는 유치원 시기에는 높지만, 초등학교에서 중학교, 고등학교로 갈수록 떨어진다. 즉, 영어는 재밌는 과목이 아니라 힘들고 어려운 과목이 되어 간다. 언어를 학습하기 때문이다. 기본적인 대화도 힘이 드는데, 전문적인 문법과 어려운 단어들을 외우고 시험을 보기 때문이다. 물론 이러한 부분들이 교육에 있어서 중요하다는 것을 부정하는 것은 아니다. 하지만 우리 아이가 영어로 말하기를 원한다면 방법을 다시 생각해야 한다.

큰아이는 이제 영어로 말하는 것이 너무 편하다고 한다. 자유자재로 한국어와 영어를 구사하는 아이를 보면 엄마표 영어교육의 4년이 너무나도 뿌듯하고 둘째 아이와 셋째 아이의 1년 후, 2년 후도 기대가 된다.

발음이
중요할까?

이미 돼끼맘의 영어 실력은
앞서도 말한 것처럼 좋은 편이 아니다. 단지 영어를 잘하고 싶은 마음은 굴뚝이라 겁 없이 자꾸 내뱉는다. 나는 대한민국의 초 · 중 · 고등학교 교육을 받고 자란 평범한 사람이다. 초등학교 때는 윤 선생 영어로 조기 교육도 받아 봤고, 중 · 고등학교 때는 학원도 다녀 봤으며, 12년 교육 이후로 대학교 생활을 하면서 회화 학원도 다녔다. 그렇지만 여전히 영어 말하기는 너무 힘들다. 실력은 안 늘고, 무슨 말인지 전혀 알아듣지도 못한다. 과연 이것은 나만 느끼는 것일까? 여러분은 어떤가?

그러면서도 나는 '발음이 좋아야 한다!', '콩글리시는 안 된다!',

'할 거면 원어민처럼 발음이 좋아야 한다!'라는 강박 같은 것이 있는 것 같다.

아이들에게 영어교육을 하면서도 발음이 좋아야 한다는 생각을 계속했다. 그래서 아이를 교육한 지 2~3년 정도 되었을 때는 아이의 발음을 지적했다(나도 잘하지 못하면서 지적은 왜 그렇게 했는지, 지금 생각하면 내 아이지만 아이한테 그랬다는 것이 부끄럽다).

그런데 그런 내가 요즘 시청하는 캐나다 드라마가 있다. 엄마표 영어교육을 시작한 친구가 자기도 영어를 좀 해 보고 싶어서 같이 본다며 알려준 드라마이다.

바로 〈김씨네 편의점〉이라는 드라마이다.

김씨네 편의점은 현재 시즌 4까지 나왔다. 나는 시즌 1의 1편부터 영어로 자막 없이 보고, 한글 자막이나 영어 자막으로도 보고 있다. 여기 나오는 김씨 부부는 캐나다에서 편의점을 운영하며 남매를 키운다. 남매는 캐나다 이민 2세대이니 영어를 너무 잘하고, 김씨 부부는 영어는 엄청나게 잘하는데 발음은 우리가 흔히 말하는 콩글리시다. 그런데도 충분히 의사소통이 가능하다. 나는 이 부분에 주목했다. 나는 왜 영어 발음에 목을 맸을까? 물론 이왕 시작한 것, 발음까지 훌륭하면 더없이 좋겠으나 발음과 상관없이 그냥 영어를 잘하고 싶다. 필리핀 사람들도 영어를 구사하는데, 필리핀 영어를 큰아이가 간혹 못 알아듣기는 하지만 소통에 문제는 없다. 〈김씨네 편의점〉의 김씨 부부 또한 마찬가지이다.

나는 아이들에게 영어를 왜 시키는 걸까? 가끔 어떤 것에 집중할 때 이 점을 생각해 보면 길이 보인다. 처음 가졌던 마음을 다시 확인하는 것이다. 나는 아이들이 외국인과 의사소통을 막힘없이 하길 원한다. 그렇다면 발음이 좋다면 물론 더 좋겠지만, 발음에 집착하여 영어 공부에 흥미를 잃으면 안 된다. 발음을 잡으려고 하다가 영어를 영영 놓을 수도 있으니까.

발음이 먼저가 아니라 듣고 말하기가 중요하다. 그리고 사실 발음은 잡지 않아도 충분히 노출하다 보면 저절로 본인의 모국어 말투와 비슷하게 영어의 말투도 생긴다. 우리 집 큰아이는 말할 때 조금 격양되어 있고 빠르게 말한다. 그런데 영어를 말할 때도 마찬가지이다. 흥분해서 말할 때는 속도가 어마어마하게 빠르다. 날 닮아서 급한 성격 때문인 것 같다. 발음은 우리 아이의 사례처럼 DVD만 잘 보면 자연스레 되는 것 같으니 사실은 발음에 집착할 이유가 없다.

읽는 재미를 끊는 엄마의 지적질은 이제 그만이다. 지적질보다는 칭찬을 많이 해주자. 아이에게 더없는 용기가 생길 것이고 자신감도 불어넣어질 것이다. 발음 지적보단 재미가 우선이다!

발음은 엄마의 지적이 아니라 우리가 보여 주는 영어 영상이 엄마보다 더 잘 가르쳐 줄 테니 걱정은 내려놓고 노출 시간에 더 집중해야 한다.

03

모든 엄마표가 내 아이에게 정답은 아니다—내 아이에게 맞는 공부법 찾기

날씨가 갑자기 너무 추워졌다.

돼끼맘은 이런 날들이 너무 좋다. 아이들이 밖에 나가지 않고 집 안에 있기 때문이다. 아이들이 집에만 있다면 뭐가 좋을까? 집에 있으면 자연히 영상 보는 시간도 충분하고 흘려듣기도 시간이 많아진다. 평소 하교 후 날씨가 좋은 날은 친구들과 뛰어놀고 싶어서 나가서 놀다 보면 오전 중 잠깐과 저녁 시간 잠깐만 영어 노출 시간을 가질 수밖에 없다(물론 밖에서 친구들과 행복하게 뛰어노는 건강한 아이로 키우고 싶은 마음에 굳이 아이의 놀이 시간을 막지는 않는다). 반면에 집에 있는 시간이 길어지면 다른 학습을 할 때도 여유롭게 시간을 활용할 수 있다.

시간을 이렇게 충분히 갖고 하면 괜스레 '오늘은 좀 더 해 볼까?'라는 욕심이 생기게 된다. 만족하고 즐겨야 하는데 엄마의 욕심이란 게 아이를 가만히 두지 않는다. 하지만 우리 아이들은 돼끼맘이 욕심을 부리면 정말 귀신같이 알고 표정과 행동에서 슬슬 짜증과 힘겨움을 보인다. 그렇게 되면 여유로웠던 순간이 순식간에 험악한 분위기로 바뀌는 것을 보게 된다. 그러니 괜한 욕심은 금물이다. 여러분도 매번 엄마의 욕심과 엄마의 예쁜 마음 사이에서 갈등하게 될 것이다. 꼭 욕심을 버리시길 당부한다.

며칠 전에는 둘째 아이가 영어를 곧잘 하고 요즘은 말도 슬슬 하고 해서 욕심을 좀 부렸다. 집중 듣기도 2챕터씩 하던 것을 3챕터로 늘리고 원서 책 필사도 2페이지에서 4페이지로 늘렸다. 그리고 문제 풀이(multiple choices)까지 시켰더니 갑자기 아이의 집중도가 떨어지면서 어찌할 바를 모르더니 오늘은 다 평소보다 많이 했다며 속상해하고 울기 시작했다. 처음에는 '왜 또 잘하다가 투정을 부릴까?'라는 생각이 들었다. '이 정도는 잘해 오던 아이인데, 오늘따라 친구랑 놀다 와서 너무 피곤한가? 그럼 낮에 놀이 시간을 줄여야 하나?' 하며 아이를 다그치기 시작했다. 하지만 아이가 하는 말에 아이쿠! 잘못했다 싶었다.

"집중 듣기도 하나 더 하고, 쓰는 것도 두 페이지나 더 쓰고, 리딩도 하고, 오늘 너무 다 늘어나서 너무 힘들어~!"

욕심이 생겨서 하나씩 늘린다는 것이, 하루에 하나씩 늘려야 하는데 하루 만에 여러 가지를 모두 늘린 것이었다. 아이는 그걸 생각하니 억울하고 버겁고 힘들고 하니 눈물이 뚝뚝 나온 것이었다.

그 눈물을 보고서야 또 아차 했다. 미리 알아챘으면 좋았을 것을, 엄마가 너무 미안해.

안아 주고 설명해 준 뒤에 "오늘 멀티플은 치워 버려~!" 하며 문제집을 던지고 나니 그제야 마음이 풀린 아이. 역시나 엄마의 욕심이 또 아이를 속상하게 했다. 그래도 군말 없이 잘 따라와 준 아이였다. 아마 첫째 아이였으면 그런 욕심은 안 부렸을 것이다. 셋째 아이였어도 그런 욕심을 안 부렸을 것이다. 둘째 아이이고 곧잘 따라오니 더 욕심을 부렸던 것 같다. 하지만 아이를 면밀히 살펴보고 진행했어야 했다.

큰아이가 5챕터씩 했던 생각에 늘린 건데, 큰아이는 큰아이이고 둘째 아이는 또 달랐던 거다. 한참 영어를 재밌게 하던 아이에게 또 거부감만 들게 할까 싶어서 당장 안아 주고 책을 치워 버렸다. 품에 안으니 한껏 울더니 눈물을 쓱쓱 닦고는 넷플릭스를 본다. 그 모습이 어찌나 사랑스럽던지. 예전의 둘째 아이는 억지로 30분 보는 게 다였던 아이였는데, 이제는 제일 편안하고 쉽게 하는 게 영어 영상 보기이다. 그렇게 누워서 〈바비의 드림하우스〉를 보는 아이의 모습을 보니 너무 다행이다 싶었다.

어떤 날은 아이의 컨디션이 좋아 오늘 할 일을 쉽고 기분 좋게 마무리하는 날이 있는 반면에, 어떤 날은 매일 쉽게 하던 할 일도 힘겨워하는 날이 있다. 대부분 매일의 할 일을 잘 수행하기 때문에 하루, 이틀 정도의 부족함은 큰 걱정 없이 지나갈 수 있다는 엄마의 마음가짐도 필요하다. 물론 엄마표 영어교육이 모든 영어 공부의 정답은 아니다. 하지만 나는 아이의 영어 공부 목적이 시험에서 100점을 받는 게 아니라 영어를 언어로서 습득하여 사용하게 하는 것이라면 엄마표 영어교육이야말로 효과가 크다고 생각한다. 특히 엄마표 영어교육 방법 중에서도 나는 영어 소리 노출의 중요성을 강조한다. 귀를 열고 입을 열고 눈을 뜨고 손을 쓰는 언어의 습득 순서를 본다면 '현재 아이들이 하는 영어 공부는 어딘가 잘못된 것이 아닌가?'라는 의문이 든다. 쓰기를 먼저 하고 책으로 읽고 말하는 연습을 하는 순서 말이다. 우리가 말을 배울 때를 생각해 보자. 절대 손으로 쓰거나 읽는 것부터 하지 않았다. 그래서 내가 영어 소리의 노출을 그만큼 강조하는 것이다.

그리고 아이들은 저마다 생각도 다르고 성향도 다르다. 우리 집 삼 남매도 같은 부모 밑에서 태어나고 같은 환경에서 자란 아이들인데도 저마다 성향이 다르고 공부 스타일도 다르며 좋아하는 영화조차도 다 다르다. 이런 아이들에게 획일적인 교육이 과연 얼마나 좋은 성과를 가져올 수 있을까. 그래서 아이의 영어교육에 있어서는 엄마표 영어교육이 맞다고 생각했다. 세 아이의 성향이 모두 다르다 보니 저마다 맞는 속도와 방법으로 학습을 시킨다. 아이를 제일 잘 아는 엄마가 내 아이의 속도에 맞춰서 같이 나아가 주고 성향에 맞는 스타일로 교육하는 것이 제일 높은 학습 효과를 가져올 테니 말이다. 엄마표 영어교육에 성공하시는 분들에게는 공통점이 있다. 아이와 함께 매일 꾸준하게 간다는 사실이다. 매일 함께하며 아이의 컨디션을 체크하고 아이의 속도를 체크하고 아이가 무엇을 잘하고 무엇이 뒤처지는지를 알고 함께하는 것. 이것이 바로 아이와 함께 가는 엄마표 영어교육이다! 다른 아이의 습득 속도는 우리 아이에게 도움이 되지 않고 중요하지도 않다. 옆집 아이가 무엇을 잘하는지 알 필요 없다. 내 아이가 무엇을 잘하는지를 알아야 한다. 옆집 아이에게 잘 맞는 학원은 내 아이에게 필요 없다. 내 아이에게 맞는 학습이 무엇인지를 알아야 한다. 옆집 아이가 몇 학년 위의 선행 학습을 한다 해도 중요하지 않다. 내 아이에게 맞는 수준으로 속도를 맞춰 가야 한다.

큰아이는 엄마표 영어교육 3년 만에 귀가 열리고 입이 열렸다. 이제는 웬만한 영어 단어는 물어보면 뜻을 파악하고, 지나가는 외국 사람들의 대화를 듣고 웃기도 한다. 영화 내용은 물론이고 OST의 내용도 잘 파악하고 외국인과의 대화도 쉽다. 집에서는 강아지 밀크와 영어로 장난을 친다. 하지만 눈이 뜨여야 하는데 이 부분은 아직 힘들어한다. 내가 처음 엄마표 영어교육 수업을 받고 이를 아이와 진행할 때는 이 부분에 관해서 강사님에게 계속 고민을 나누고 해결 방법을 찾으려 했다. 하지만 2년 동안 하면서 같이 수업을 들은 엄마들의 아이들을 보고 오면 아이를 다그치는 횟수만 늘어갈

뿐이었다. 다른 아이들은 너무 잘해서 챕터 북도 거뜬히 읽는데 우리 아이만 힘들어하니까. 그러니 괜히 수업에 다녀오고 나면 아이를 못살게 굴었다. 그러다가 어느 순간 교육을 받아도 나와 우리 아이에게 더 이상 도움이 안 된다는 걸 깨달았다. 다른 아이와 비교하지 않고 내가 아이와 함께해야 아이만 볼 수 있었다. 그래서 난 고민 끝에 티칭 수업 수강을 중단했다. 과감하게 그만두고서야 나도 스트레스를 받지 않고 아이도 편해졌다. 지금은 아이와 다른 건 다 제쳐두고 리딩에만 집중하고 있다. 내 아이에게 맞는 건 천천히 자신감을 주면서 매일 읽어 나가는 것이었다. 옆집 아이를 보면서 이 책을 했다가, 저 책을 했다가 하면서 왔다 갔다 하는 것이 아니라 내 아이만 보는 것! 그랬더니 아이도 자신감이 붙었는지 힘들어도 열심히 하려고 하고 한 달 사이에 전보다 많이 늘었다.

내 아이의 리딩 속도는 시속 30㎞였는데 나는 엄마표 영어교육을 한다고 하면서도 막상 남의 아이 속도만 보고 더 빨리 달리려고 한 것이었다. 엄마표 영어교육에서 중요한 부분인 '내 아이'를 보지 않았다. 그러니 계속 아이는 제자리였고 지치기만 했던 것이다. 2년을 그렇게 보냈으니 이제 다시는 남의 아이만 보고 내 아이를 놓치는 실수는 저지르지 않으려고 한다.

이렇게 첫째 아이와 둘째 아이를 보며 나는 더 강하게 믿게 되었다. 엄마표로 내 아이의 속도에 맞게 가자. 그게 교육의 정답이고 내가 원하는 길이며 내 아이를 위한 길이구나!

04

영어를
시작하기에
어린 나이인가요?

영어를 시작하는 시점은 모두 다 다르다.

주변 엄마들을 보면 태어날 때부터 영어로 말을 시키는 엄마, 아이가 5살이 됐을 때쯤 영어 유치원에 보내는 것으로 영어를 시작하는 엄마, 아이가 8살 때 초등학교에 입학하면서 학원에 보내는 엄마, 아이가 고학년이 될 때 시작하는 엄마까지, 너무도 다양한 시기에 영어를 시작한다.

그럼 나는?

나는 큰아이가 태어나면서부터 영어 CD를 들려주었다. 하지만 그게 다였다. 아쉽게도 난 영어를 잘하지 못해서, 아니 너무 못해서 방법을 몰랐고, 인터넷 검색은 두 페이지 이상 넘어가면 멀미가 나는 탓에 검색으로 정보를 많이 알지도 못했다. 그냥 막연히 언젠가 아이가 영어를 본격적으로 시작할 때 아이에게 영어가 친숙하게 느껴지도록 해주고 싶은 마음에 영어 노래 CD를 열심히 틀어 주었다. 그리고 아이가 6살이 됐을 때쯤에는 집에서 하는 홈스쿨 선생님께 영어를 부탁해서 일주일에 한 번, 그것도 30분 정도 수업을 진행했다. 하지만 효과는 거의 없었고 책만 왕창 사들인 셈이 됐다. 책도 어떤 책을 읽혀야 할지 몰라서 그냥 추천해 주는 전집을 겁도 없이 사들였다. 그 책은 현재 둘째의 리딩 책으로 활용하고 있다. 아이가 7살 때 주변의 추천으로 놀이를 많이 하고 외국인 선생님이 있다는 학원에 보냈는데 이마저도 1년 만에 그만두었다. 그리고 아이는 8살에 학교에 입학했다. 누군가는 10살 이후에 외국어를 시작해야 한다고 했지만, 나는 생각이 달랐다. 아이를 낳으면서 내가 부족했던 부분은 최선을 다해서 아이에게 채워 주고 싶었다. 그게 바로 영어를 원어민(native speaker)처럼 사용하는 것이었다. 우리나라는 한국어 말고는 모두 외국어로, 이중 언어를 사용하는 나라가 아니다. 그럼에도 불구하고 초등학교는 물론이고 중·고등학교에서 영어가 차지하는 비중은 매우 높다. 또한, 대학교에 입학할 때도 영어의 중요성은 이루 말할 수 없다. 대학교에 입학하면 끝인가? 아니다. 대학교 도서관 곳곳에서 취업을 위해 토익이나 토플을 준비하는 대학생들을 만날 수 있다. 직장에 취업하면 끝인가? 아니다. 승진을 위한 대기업 시험 과목에는 영어 시험도 있다고 한다. 이처럼 영어는 우리 삶에서 정말 많은 부분을 차지함에도 불구하고, 우리는 영어를 실제로 잘하기에는 너무 힘든 교육을 받고 있다. 시험이라는 부분에만 맞춰진 교육을 받다 보니 정작 외국에 여행을 가서는 말 한마디 못하는 사람이 더 많다. 나는 그래서 꼭 내 아이는 영어 성적을 높이겠다는 생각보다는 원어민처럼 말할 수 있게 해서 많은 곳을 보고 느끼게 해주고 싶다는 생각이 컸다. 그러다 보니 아이가 태어나서부터 많지는 않지만 계속 노출을 시켜 주었다. 10살 이후에 영어를 해야 한다는 의견을 들어 보면 한국어를 잘해야 외국어도 잘한다고 하기도 하고, 너무 일찍 시작하면 힘들기만 하다는 의견도 있다. 하지만 나는 10살 이후에 외국어를 배우기는 너무 힘들다고 생각한다. 이 생각을 뒷받침하는 이론들도 있다.

언어 습득 장치 이론이라는 것이 있다. 미국의 언어학자인 촘스키 교수가 주장한 이론으로, 인간은 0세부터 13세까지 언어 습득 능력이 제일 활발하다고 한다. 그러다 보니 사춘기 이후에는 언어를 습득하기가 더 힘들어진다고 한다. 두뇌 유연성 이론이라는 것도 있다. 아이들은 두뇌 세포 내의 수용성이 커서 언어 습득 능력이 좋지만, 나이가 들수록 수용성이 적어져 언어 습득 능력이 떨어진다고 한다. 그래서 이러한 이야기들을 바탕으로 엄마들은 조기 유학이나 영어 유치원 등 조기 영어교육에 열을 올리고 있다. 하지만 모든 사람이 한 달에 백만 원가량 하는 영어 유치원을 보내기는 힘들고 조기 유학을 하러 가는 것도 힘들다. 그렇다면 못 보내고 못 가는 사람은 영어를 포기해야만 하는가? 아니다. 엄마표 영어 교육으로도 충분히 조기 유학과 영어 유치원의 효과를 낼 수 있다. 그 증거가 바로 우리 아이들이다. 8살부터 본격적으로 엄마표 영어 교육을 시작했음에도 불구하고 10살에 이미 독일인 친구와 영어로 대화하며 놀 수 있었고, 괌 여행이나 필리핀 여행을 가서도 외국인 친구와 자유롭게 대화하고 수영하며 노는 아이가 되었다. 단 3년도 안 되는 기간에 벌어진 일이다. 현재 막내는 8살임에도 누나와 짧지만 영어로 대화한다. 문장으로 얘기하는 것을 보자면 역시 누나보다 빨리 시작하니 발음도 좋고 말하는 시점도 10살이 아닌 8살이 되었다.

그렇다면 10살이 넘어서 시작하면 늦으니 포기해야 하는가? 절대 그렇지 않다. 사실 현재 아이가 10세 이전이라면 언제든 시작하라고 하고 싶다(대신 한국어를 놓치고 가지 않기를 바란다). 그런데 만약 10세가 넘었다면 어떨까. 물론 시작하고 진행하는 데 10세 이전보다는 어려움이 있기는 하다. 10살 이후로는 아이도 제법 스스로 생각할 줄 알고 표현할 줄 알며 반항도 할 줄 알기 때문에 조금 힘들 수는 있다. 하지만 불가능한 것은 아니다. 적당한 타협과 규칙을 아이와 만들어 가면 된다. 또한 10세 이후의 아이는 가르치는 것을 잘 받아들인다는 장점 또한 있다. 이미 학습의 원리를 알고 있기 때문이다.

10세 이후의 아이들은 할 것이 많아져서 사실 노출 시간을 채우기가 쉽지는 않다. 우리 집 12살 아이도 불과 3년 전만 해도 거의 매일 3시간의 노출 시간이 있었는데 요즘은 친구들과 만남도 가져야 하고 다른 미디어의 시간도 가져야 해서 길어야 2시간이고 많이 못 볼 땐 30분만 보는 날도 있다. 하지만 12세의 이 아이는 이미 영상 보는 것은 놀이와 같아서 목욕할 때나 아침에 눈 떴을 때, 자기 전에 혼자만의 시간이 있을 때, 잠깐 친구를 기다리는 시간 등 여러 시간 동안 충분히 노출을 스스로 하고 있다. 그러니 12세라고는 하나 크게 걱정할 것이 없다.

가끔 주변에서 5~6살 아이의 엄마들이 벌써 영어교육해도 되냐고 많이 물어본다. 그럴 때마다 나는 노출을 시켜 주라고 한다. 그러면 돌아오는 반응은 "그게 무슨……."이라는 반응이다. 그게 사실 제일 중요한 것인데 아무리 알려줘도 받아들이지 않는다. 영유아의 영어교육은 노출이다. 책과 영상을 통한 적절한 노출만으로도 충분하다. 그런 충분한 노출이 이루어지면 누가 시키지 않아도 아이의 입에서 영어가 저절로 입 밖으로 나오게 된다. 시작 시점은 중요하지 않다. 얼마나 노출시켜 주는가가 중요한 것이다. 영유아기의 3시간 노출은 어쩌면 너무 쉬운 과제일지도 모르겠다. 너무 쉬워서 안 하는 것인지, 믿지 못해서 안 하는 것인지는 모르겠다. 하지만 내 아이를 진정으로 영어를 자유로이 구사하는 아이로 키우고 싶다면, 영어가 학습이 아닌 습득이 목적이라면 시기와 상관없는 노출의 중요성을 알기를 바란다.

05

듣고 말하기가 빠른 아이와 읽고 쓰기가 빠른 아이

내가 아이를 하나만 낳았다면 알지 못했을 것들이 아이를 키우다 보니 많이 있었다. 엄마표 영어 교육을 하면서 내가 직접 아이들이 학습하는 것을 지켜보니 아이마 다 받아들이는 속도도 다르고 학습하는 유형도 달랐다. 그러다 보 니 두 번째, 세 번째 아이인데도 불구하고 새로 하는 것 같은 느낌 이 자꾸 들었다.

하긴 생각해 보면 뱃속에서부터 아이들은 다 달랐던 것 같다. 첫째 아이를 뱄을 때는 사과가 그렇게 당겨서 사과를 얼마나 먹었 던지. 그랬더니 태어나서도 유독 사과를 좋아한다. 둘째 아이는 딸 기를 너무 맛나게 먹었더니 이 아이는 딸기에 환장한다. 또 셋째 아이는 귤! 먹을 것뿐이던가. 하는 행동도, 성격도 한 배에서 나왔는데 너무도 다르다. 덜렁대지만 성격 하나는 끝내주는 첫째 아이, 너무나 낯을 많이 가려서 돌 때부터 세 살 때까지 아빠도 낯을 가렸던 둘째 아이, 뭐든 얘기하면 그대로 해야 하는 FM 셋째 아이.

이렇게 각자 개성이 다 다른 아이들을 키우면서 사실 공부도 받아들이고 하는 것이 다 다를 것이라고 생각하지 못한 내가 어쩌면 더 한심했을 수도 있다.

사실 나는 엄마표 영어교육을 아이의 유아기 때부터 엄청 적극적으로 나서서 하는 엄마는 아니었다. 그냥 평범한 엄마였다. 그런 내가 엄마표 영어교육을 진행하고 아이를 학원에 보내지 않고 집에서 모든 학습을 하게 되리라고는 생각하지 못했다. 세 아이를 키우면서 '어떻게 하면 교육비가 좀 덜 들까?'를 고민하게 되면서 하나 둘씩 하던 것이 이렇게 엄마표 영어교육으로 이어진 것이지, 처음부터 엄마표 영어교육에 관심이 많고 열심히 노력했던 것은 아니었다. 하지만 이런 나도 엄마표 영어교육으로 열심히 아이들을 잘 키우니 아마도 다른 엄마들은 더 잘할 것이란 생각이 든다.

아무튼 이렇게 보통의 엄마인 내가 엄마표 영어교육을 하면서 아이들을 보니……. 공부에도 재능이 있다는 말이 실감도 나면서 아이 하나하나의 캐릭터가 더 눈에 보였다.

첫째 아이는 뛰어난 집중력을 보이는 아이이다. 영상에 대해서! 그러고 보니 청각이 너무나도 예민한 아이라는 생각이 들었다.

소리에 민감하고 예민하다. 그리고 눈으로 보고 이해하는 능력이 뛰어났다. 영상을 한 번 보면 옆에서 뭐라고 해도 답을 못할 정도로 영상에 대한 집중도가 너무도 뛰어났다. 그래서일까? 엄마표 영어 교육을 시작한 것이 아이가 초등학교에 입학하고 나서였는데, 1년 이 지난 2학년 무렵부터 귀가 열리는 듯했다. 영상을 보면서 웃었고, 슬퍼했고, 분노했고, 따라 하기 시작했다. 단순히 그림으로 이해해서 표현하는 것보다 더 자세하고 구체적이었다. 그런 아이는 말하는 것도 빨랐다. 다른 엄마표 영어교육을 진행하는 아이들이 말보다 읽기를 먼저 할 때, 이 아이는 말이 더 빨랐다. 이게 맞는 거라고 생각은 했지만 말이다. 생각해 보니 이 아이는 한국어도 말이 빨랐다. 4살에 이미 대부분의 말을 또렷하게 했다. 남편의 회사 동료가 같은 나이의 아이를 키우고 있는데, 어느 날 퇴근한 남편이 나에게 우리 딸이 말을 잘하는 줄 몰랐다고 했다. 사실 남편은 너무도 바쁜 시간을 보냈기에 아이가 친구들과 노는 것을 보지 못했다. 그러니 비교 대상이 없었던 것이다. 양가에서도 모두 첫아이였으니 조카들로 비교할 수도 없었다. 그러다 직장 동료의 아이를 보고 비교했던 것이다. 물론 그 아이가 늦은 아이는 아니었다.

첫째 아이는 한국어도 빨랐고 영어도 빨랐다. 모국어와 같이 나오는 외국어 능력! 첫째 아이는 성격이 너무도 좋다. 키즈 카페에서도 내가 화장실에 다녀올 동안에 처음 보는 아이와 친구가 될 만큼 친화력이 좋다. 이런 아이가 영어로 말을 할 수 있을 때쯤 우리는 곰 여행을 갔다. 수영장에서 혼자 놀던 아이가 갑자기 자기 친구라면서 소개를 해주는데 부모인 나도 내 딸의 친화력에 '엄지 척'을 했다. 남편도 어이가 없어서 웃었다. 이런 아이가 3학년 때는 지금의 동네로 이사를 왔는데 동네에서 독일 여자아이가 강아지를 데리고 산책하는 것을 보고 가서 말을 걸었다. 강아지와 같은 또래로 보인다는 두 가지 점이 마음에 무척 들었는지 둘은 이내 가장 친한 친구가 되었다. 덕분에 아이의 영어는 더 늘었고 더 빨라졌다. 영어로 말하는 속도는 이제 말이 빠른 외국인 같을 정도다.

아마도 첫째 아이가 말을 잘하는 것은 영상에 대한 집중력과 본인이 가진 친화력 때문이 아닐까!

반면에 둘째 아이는 아빠도 낯을 가릴 만큼 굉장히 소심한 아이다. 정말 언니와는 너무도 반대의 성향을 가진 아이다. 성격이 급한 언니와 다르게 너무도 느린 아이. 그리고 사람을 만나면 고개를 돌리고 엄마 뒤로 숨는 아이. 그런 아이이다. 그런데 이 아이에게도 놀라운 능력이 있었다. 아이가 4, 5세쯤에 한글 수업을 하는데 아이가 한 번 수업한 단어를 한 번에 기억하는 것이었다. 글씨든, 그림이든 한 번 보면 머릿속에 넣는 아이가 마냥 신기했다. 사실 나는 공부에는 재능이 없었다. 그나마 지금까지도 재능이라기보다는 노력해 왔다. 그런 내 딸이 한글을 습득하는데 첫째 아이에게서 보이지 않던 능력이 보이니 놀라웠다. 그렇게 아이는 한글을 한 번 보면 익히더니 금방 한글을 뗐고, 만 5살에 동생에게 책을 읽어줄 정도가 되었다.

그러나 영어 영상은 20분을 보는 것도 너무도 힘겨워했다. 이런 아이가 언니처럼 듣기가 빨리 되고 말하는 것이 빨리 나올 리는 없다. 보는 시간도 너무 부족했고, 집중도도 낮아서 같은 시간을 보는 언니와는 반응이 너무도 달랐다. 언니가 영상 시청 2,000시간에 말을 했다면 이 아이는 2,000시간이 되어도 듣는 것도 아직 부족했다. 하지만 요즘 들어서 아이가 영어로 언니와 얘기를 나누는 것을 보면 언니보다 조금 늦을 뿐, 결과가 안 나오는 것은 아니라는 것을 새삼 느낀다.

대신 아이에게 읽기를 시켜 보니, 역시 한글도 글씨 쓰기가 너무도 빨랐던 아이답게 첫 아이와는 달리 읽고 쓰는 것을 더 좋아했다. 성취욕을 많이 느끼고 좋아하는 아이는 쓰고 읽을 때 본인이 잘하는 것을 더 뿌듯해하고 더 열심히 했다. 요즘은 리딩을 하는데 부쩍 글씨를 많이 익혔다는 생각이 든다. 그래도 좀 더 다지고 가고 싶어서, 자신감도 넣어 주고 싶어서 짧은 이야기책을 계속 넣어 주고 있다.

이 아이는 첫째 아이와 다르게 너무 과한 것을 넣어 주거나 자신이 잘 못하는 부분을 느끼면 분노한다. 눈물을 뚝뚝 흘리고 그만해도 된다고 아무리 얘기해도 속이 상했는지 그만하지도 않고 본인이 못하는 것을 납득하지 못한다. 너무 어려운 책을 넣어 주면 좌절하고 분노하기 때문에 자신이 할 수 있는 책을 충분히 넣어 주고 자신감을 높여 준 후 조금 어려운 책을 넣어 주는 것이 이 아이에게서 더 높은 학습 효과를 기대할 수 있다.

아이들이 저마다 다른 능력을 가지고 태어난다고는 하지만 너무도 다른 두 아이를 키우다 보니 엄마표 영어교육을 하는 나는 매번 새로운 육아를 하는 듯하다. 분명 첫째 아이 때는 이런 교육이 아이에게 효과가 있었는데, 둘째 아이에게는 안 통하기도 하고 생

각보다 반응이 안 좋아서 방법을 바꿀 때도 있었다. 반면에 첫째 아이 때는 하지 않았는데 둘째 아이 때는 반응이 좋아서 새롭게 하는 교육도 있다.

그럼 초등학교 1학년인 셋째 아이는 어떨까?

셋째 아이는 정말 놀라운 FM이다. 이 아이가 그렇다는 것은 유치원에 입학하고 나서야 알았다. 5살이었던 셋째 아이는 선생님과의 면담에서 선생님이 정리하라고 했는데 친구가 그냥 갔다며 울었단다. 아이가 울길래 왜 우냐고 물어보니 선생님이 정리하라고 해서 자기는 했는데 친구가 그냥 가서 울었다는 것이다. 왜 그냥 가냐고 억울해했다. 그게 시작이었다. 집에서도 각자 할 일을 시키면 두말없이 할 일을 해내는 아이다. 하라고 하면 해야 하고 하기로 했으면 해줘야 한다. 너무도 FM이라 융통성이 없을까 살짝 걱정될 정도다. 하지만 엄마표 영어교육을 하는데 이만큼 편한 아이도 없다. 초등학교 1학년이라 손이 많이 가는 나이임에도 내가 일을 다시 시작하게 되면서 많이 챙겨 주지 못했다. 그런데 아이는 내가 적어놓은 할 일 표를 보면서 열심히 매일의 일과를 채워나갔다.

가끔 누나들이 학습하느라 돌봐주지 못할 때면 이북(e-book)과 책을 주면서 읽으라고 했다. 그럼 이 아이는 끝까지 읽는다. 그래서인가. 첫째 아이와 둘째 아이는 한글 선생님을 붙여서 한글을 뗐는데 이 아이는 이렇게 책으로 한글을 뗐다. 모국어와 같은 방식으로 외국어도 습득한다는 법칙! 아마 이 아이는 이렇게 영어도 떼지 않을까 싶다.

또 셋째 아이는 영어 영상을 볼 때 첫째 아이와 비슷할 정도의 집중력을 보여 준다. 어찌 보면 셋째 아이는 첫째 아이의 장점과 둘째 아이의 장점을 모두 가지고 있는 것 같다. 그래서 더 기대되는 아이이기도 하다.

이렇듯 세 아이 모두가 다른 학습 능력을 가지고 있다. 그래서 나는 더 힘들다. 각자의 학습 능력에 맞춰서 아이들을 가르쳐야 하니까. 그래도 열심히 아이들 스스로가 자신의 능력을 발휘할 수 있도록 나는 안내자로서 학습 코칭을 하려고 한다. 내 아이의 학습 스타일에 맞게!

06

단 한 번으로
되는 건
아무것도 없다

엄마표 영어교육을 시작하면서

앞서 1~2년 먼저 시작했던 엄마들의 학습 과정을 보니 부럽기도 하고 '내 아이도 저렇게 할 수 있을까?'라는 생각이 들었다. 괜스레 마음이 복잡해지고 욕심이 생겨났다. 욕심이 생기면 반드시 부작용도 나타났다. 그리고 이런 마음은 아직도 여전히 있다. 5년이 지나서 엄마표 영어교육에서는 나름 베테랑이라고 해도 여전히 우리 아이의 부족한 부분을 보다가 뛰어난 아이들을 보면 욕심이 나고 아이에게 '좀 더', '좀 더'를 요구하게 된다.

엄마표 영어교육 1년 차는 적응기

내가 엄마표 영어교육을 시작하면서 제일 먼저 시작한 것은 DVD 시청이었다. DVD 시청 방식을 처음에 잘 자리 잡아 놓은 결과, 아이는 DVD 시청 시간을 학습이 아니라 편안한 놀이 시간처럼 느끼고 있다. 그래서 더 빨리 남들보다 말했다. 언어를 배우는 데 있어서 영상 시청은 필수다. 중요한 DVD 시청 학습은 엄마표 영어교육 시작 1년 차에 충분히 자리 잡아두어야 한다.

그리고 충분한 DVD 시청 적응 후 책과 단어 학습을 했다. 예전에 한글 배우기를 시작할 때 학습지 선생님들을 봤더니 일주일에 4개의 단어를 익히는 학습 과정을 통해서 아이가 한글을 익히도록 했다. 그림과 글자를 보여 주면서 그 단어의 뜻을 그림으로 알 수 있도록 했다. 영어도 그림과 글자로 된 카드들이 시중에 많으니 이를 활용하면 좋다. 그리고 나서 시간이 흐르고 아이가 적응하면 책을 보았다. 나보다 더 발음이 좋은 CD를 틀어서 집중 듣기라는 것을 시작했다.

그렇게 나는 처음부터 한 단계씩 천천히 단계를 밟아 나갔다. 그러나 중간에 나를 유혹하는 것들이 많았다. 그 유혹은 곧 아이들을 힘들게 했다. 주변에서 "이 책이 좋다.", "저 책이 좋다.", "이렇게 하면 단어를 더 많이 익힌다더라.", "하루에 이것보다는 더 많이 해야 한다." 등. 물론 그런 유혹에 흔들리지 않고 나만의 길을 가기도 했지만, 가끔은 흔들려서 아이들을 힘들게 하기도 했다. 하지만 그럴 때마다 늘 후회하곤 했다. 힘들게 하려고 시작한 엄마표 영어교육이 아니었으니까.

그렇게 엄마표 영어교육의 첫 1년은 DVD와 책 집중 듣기를 열심히 해 나갔다.

책도 처음에는 글밥이 적은 책, 한두 줄짜리 책으로 시작했다. 즉, 보통 Step 1 정도의 책으로 시작하고 이후에 조금 긴 책으로 했다. 그리고 스토리 북, 챕터 북, 논픽션 등으로 그렇게 조금씩 단계를 높여 나갔다.

엄마표 영어교육 2년 차는 다지기

『매직 트리 하우스(Magic Tree House)』26권의 책을 모두 본 날, 그렇게 감개무량할 수가 없었다. 처음 엄마표 영어교육을 시작하면서 '저렇게 글만 있고 갱지 같은 종이책을 우리 아이가 볼 수 있을까?'라고 생각했다. 그리고 그런 날이 오기만을 바라면서 하나씩 진행해 온 우리였다. 그렇게 하나씩 차근차근 진행한 후『매직 트리 하우스』를 처음 봤을 때는 너무나 감격스러웠다. 사실 다른 여러 챕터 북을 진행해 봤어도『매직 트리 하우스』만큼의 감동은 없었다. 아마도 내가 처음 시작할 때 이 책에 대한 로망이 있어서 그렇지 않았나 싶다. 모든 일이 그렇지만, 단계별로 목표를 세우고 진행하는 것도 좋다는 생각이 들었다. 이루고 나면 또 새로운 목표를 세우면 되니까! 요즘 우리의 목표는 또다시 『매직 트리 하우스』를 리딩하는 것이다. 전에는 CD의 도움을 받아서 보았다면, 이제는 스스로 읽는 『매직 트리 하우스』 리딩이다.

엄마표 영어교육을 시작한 지 2년 정도 되면 아이들도 DVD 영상물 보는 것에 충분히 익숙해지고 영어책을 집중 듣기 하는 것도 충분히 자리를 잡게 된다. 그래서 2년 정도 되면 아이에게 단어를 직접 쓰게 해 보고 책도 집중 듣기 하는 책 외에 다양한 책을 접하게 해주는 것도 좋다. 지금 2년째 엄마표 영어교육을 받는 막내의 경우에는 집중 듣기 책도 진행하고 있지만, 집중 듣기보다 부담 없이 좀 더 편하게 보도록 학습기를 사용한 영어책 이북(e-book)을 더 자주 활용하고 있다. 또 도서관에서 아이가 관심 있어 하는 단편 책들도 대여해서 보여 주고 있다. 아이는 이제 영어책을 한글책처럼 매일 보는 것으로 당연하게 생각하고 있다. 물론 한글책과 영어책의 비중은 같게 두고 있다. 모국어가 강해야 외국어도 강해질 수 있으니까!

엄마표 영어교육 3년 차는 활용기

엄마표 영어교육 3년 차 정도 되면 사실 아이들의 인풋(input)은 넉넉하게 들어가고 있다. 단, 매일 3시간의 노출 시간이 성립되었다는 가정하에 말이다!

나는 노출 시간을 제일 중요하게 생각해서 기록에 조금 적게 적더라도 3시간은 거의 채웠다. TV 보고 노는 것 같지만(사실 아이는 TV 보고 노는 게 맞다), 엄마표 영어교육에서 영상 노출은 너무나 중요하니까!

이렇게 충분히 영상 노출이 이루어지면 아이는 슬슬 입이 근질근질해진다. 그럴 때는 영어를 충분히 활용할 수 있도록 엄마가 도와주어야 한다. 엄마가 가능하다면 영어로 질문하는 방법도 좋다. 시중에 나온 책 중에는 엄마가 아이에게 실생활에서 할 수 있는 질문들을 담은 책들도 나와 있고 인터넷 사이트에도 잘 나와 있으니 이를 참고해도 좋다. 나는 소위 '영알못 엄마'라 질문을 해도 몇 가지 되지 않는다. 앞에 말한 대로 책과 블로그도 있지만, 그렇게 열정적인 엄마도 되지 못해서 공부해서 질문하지도 않았다. 그냥 내가 아는 기초적인 질문을 했다. "What are you doing?", "What happened?", "Oh! Really?" 등. 아주 초보적이고 단순한 질문들이었다. 그런데 신기한 건 아이가 대답한다는 것이었다. 처음에는 단답형으로 대답하기도 하고 피하기도 했다. 당연하다. 익숙하지 않고 내뱉지 않던 말을 하는 것이라 그렇다. 그래도 그냥 꾸준히 했다. 퇴근하는 아빠도(참고로 아빠도 '영알못 아빠'이다) 아이에게 나처럼 질문을 했다. 그러다 보면 아이는 처음엔 단답형으로 대답하다가 어느 순간부터는 길게 대답했다. 우리 부부는 그 대답을 듣고 멍

했다. 그러면 아이는 한숨을 쉬며 다시 한국어로 대답해 주었다. 그렇게 조금씩 나오던 영어가 어느 순간부터 폭발적으로 터졌다.

그렇게 아이의 대답이 터질 때는 외국 여행을 하거나 영어마을에 가 보는 것을 추천한다. 내가 그랬다. 외국 여행도 갔고 영어마을도 갔다. 아이는 신났고 다녀오면 실력이 조금씩 더 늘었다.

화상 영어도 추천한다. 화상 영어는 정해진 시간에 선생님과 레벨에 맞는 대화를 할 수 있다. 나는 화상 영어도 진행했는데 아이가 선생님과 장난치면서 노는 것이 너무 행복해 보였다. 또한, 모임을 하는 것도 하나의 방법이다.

나는 아이가 말하기 시작하면서부터는 최대한 말할 수 있는 환경을 찾아 주려 했다. 이 정도 노력은 해야 하지 않을까? 할 수 없다면 화상 영어만으로도 충분하다.

우리 집 삼 남매는 2살 터울의 고만고만한 초등학생들이다. 엄마표 영어교육 진행 시기도 2, 4, 5년 정도 된다. 5년 차인 큰아이의 주도로 어떨 때는 영어로만 대화하고 장난을 친다. 중간에 한글이 섞여 나오기도 한다. 그래도 영어로 계속 이어 나간다. 그렇게 이어 나간 대화는 막내와 둘째 아이에게는 둘도 없는 스피킹 수업이 된다. 수업 시간은 아니지만, 수업이 되는 아이러니한 시간들! 이게 내가 바라는 엄마표 영어교육의 모습이다.

이렇게 3년 정도 차근히 다지다 보면 아이마다 부족한 학습이 보인다. 이제부터는 그 부족함을 채워 주면 된다.

3년 정도 되면 엄마표 영어교육을 진행한 엄마들은 이제 방법도 스스로 찾을 수 있을 만큼 충분한 노하우가 생긴다. 아이들이 영어가 하나씩 늘어갈 때마다 엄마는 티칭의 노하우가 하나씩 늘어가는 것이다. 이렇게 늘어난 티칭 능력은 영어뿐만 아니라 다른 부분에서도 도움이 되니 얼마나 좋은가.

세상에 단 한 번으로 이루어지는 것은 없다. 단계별 학습! 엄마표 영어교육도 단계별로 이루어져야 한다. 너무 급하게 하거나 욕심을 부리면 꼭 아이들에게서 반대의 반응이 나타난다. 힘들어서 지치고 버거워서 지치고. 영어는 언어 습득이 목표이니 오랜 시간이 필요하다. 그 오랜 시간 동안 단계별로 즐겁게 학습한다면 나와 우리 아이처럼 엄마표 영어교육을 통해서 영어로부터 자유를 느낄 수 있을 것이다.

07

돼끼맘이 엄마표 영어교육을
5년 동안 진행하면서
확신하게 된 것들

처음에 엄마표 영어교육을 진행하면서
'영어도 잘하지 못하는 내가 아이한테 무슨 영어를 가르칠 수 있겠
어?', '특히 영어는 전문가에게 맡겨야지. 학원에 보내야 해.'라고
생각했다. 그래서 큰아이가 7살 때 엄마표 영어교육이라는 것을 알
았음에도 나는 엄마표 영어교육을 진행하지 않았다. 다른 엄마들
처럼 아이를 학원에 보냈고 놀이식 수업이라고 신랑한테 자랑하면
서 아주 자신감 있게 아이의 교육을 진행했다. 하지만 아이는 1년
이 지나자 학원 수업에 거부감을 표현했고 나는 어쩔 수 없이 엄마
표 영어교육을 시작하게 되었다. 시작하고 1년이 지날 때까지만 해
도 어떠한 가시적인 효과도 없었다. 사실 '3개월 뒤 완성'이라는 말

을 난 믿지 않는다. 평생을 해도 어려운 언어 습득을 어떻게 3개월 뒤에 완성한다고 표현할 수 있을까? 그래서 나는 영어 공부의 효과가 나타나는 시기를 3년 혹은 그 이상으로 보았고, 1년이 지나고 그 어떤 효과가 나오지 않을 때도 지치거나 포기하지 않았다.

엄마표 영어는 이렇게 진행해야 한다. 단기간에 효과를 본다면 단기간에 잊어버릴 수도 있다는 것을 꼭 염두에 두어야 한다. 영어를 익힌다는 것, 언어를 익힌다는 것은 자전거를 타는 것과 같다. 몸으로 익히는 것이다. 몸으로 익힌 것은 쉽게 까먹지 않는다. 언어 습득을 머리로, 단어 암기로만 한다면 금방 잊혀질 것이다. 지금 여러분이 학창 시절 때 열심히 암기했던 영어 단어들을 생각해 보자. 과연 영어 단어 1,000개 중에서 몇 개나 기억하고 있는가. 난 손으로 세기도 민망할 정도로 기억이 안 난다.

아이들이 언어를 익히고 학생으로서 학업이 끝난 후에도 영어를 직장에서도 활용하고 여행하면서도 활용하기를 원한다면 난 3개월 완성이 아니라 3년을 보아야 한다고 생각한다.

나는 그렇게 진행한 엄마표 영어교육에서 2년 후부터 조금씩 효과를 보았다. 밥 먹다가 쌈을 싸 먹던 손을 그대로 두고 영어로 온 가족을 표현하는 아이를 보고 그렇게 기쁠 수가 없었다. 아직도 그 동영상을 보면 너무나 기쁘다.

엄마표 영어교육을 진행하면 매일 학업 스케줄대로 교육을 진행하게 된다. 그렇게 매일 진행하다 보면 초등학교 1, 2학년의 국어, 수학 그리고 봄, 여름, 가을, 겨울의 통합 교과까지 집에서 충분히 봐줄 수가 있다. 시간도 많이 필요하지 않다. 20분씩이면 충분하다. 그렇게 2년을 진행하다 보면 3, 4학년 때 사회, 과학이 추가되어도 엄마가 충분히 봐줄 수 있다. 2년간의 학습 스케줄의 노하우를 통해 엄마와 내 아이만의 스타일에 맞는 학습 스케줄을 짤 수 있게 된다.

나는 처음에 사회, 과학이 추가되었을 때는 난감했다. 그래서 아이스크림 홈런이라는 초등학생들의 인터넷 강의를 신청했다. 굳이 아이를 학원에 보내지 않아도 집에서 선생님의 보충 학습을 받을 수 있는 좋은 세상이니까.

엄마가 완벽해서 영어도 잘하고 수학도 잘하고 국어도 잘해서 아이에게 모두 가르칠 수 있다면 좋을 것 같지만, 사실 내 아이를 가르치는 것은 내가 알고 있고 잘하고 있는 것과는 조금 다르다는 것을 내 아이를 실제로 키우면서 알게 되었다. 나는 영어는 너무 못하지만 수학 하나는 자신 있었다. 하지만 영어를 가르치든, 수학을 가르치든 내 아이를 가르치는 데 있어서 내가 알고 있는 지식과는 무관하게 아주 중요한 것이 하나 있었다. 바로 꾸준함이다.

매일 반복되는 학습 시간을 정해서 이를 지켜나가야 한다. 그 하루하루가 일주일이 되고, 그 하루하루가 한 달이 되고, 그 하루하루가 일 년이 되면서 아이는 성장하고 엄마표 영어, 엄마표 학습도 성공할 수 있는 것이다.

내가 너무나 특별해서, 내 아이가 너무 똑똑해서 엄마표 영어교육이 성공한 것이 아니다. 엄마표 영어교육이 성공할 수 있었던 것은 우리가 꾸준히 매일매일 정말 성실히 실천했기 때문이다.

오늘 못하는 일이 생기더라도 내가 다시 재정비해서 학습과정을 진행하는데 단 하루면 충분했다. 못했다고 해서 고민하거나 포기하지 않았다. 다시 시작했고 학습을 이어 나갔다. 나라고 왜 무슨 일이 없었겠는가. 정말 잊을 만하면 좋거나 나쁜 일들로 인해 아이들과의 학습이 중단될 때가 많았다. 그렇게 여행이나 방학으로 인해 학습이 끊기거나 무슨 일이 생기면 과감하게 휴식기를 가졌고, 또 휴식기 이후에는 그전의 학습을 계속 이어 나갔다. 그렇게 이어 나간 것이 5년이 된 것이다.

예전에 정재승 박사님의 강의에서 작심 3일이 될 수밖에 없는 우리 뇌에 관한 이야기를 들었다. 그분의 말에 따르면 우리는 무수히 많은 상황으로 인해 대부분 작심 3일밖에 못한다고 한다. 그렇다면 나아지고 더 발전하기 위해서는 어떻게 해야 할까. 그럼 다시 작심 3일을 하면 된다. 그렇게 반복된 작심 3일이 나의 습관으로 자리 잡을 것이고, 그렇게 자리 잡은 습관이 아이에게 이어지면서 자기주도학습을 할 수 있게 해준다.

엄마표 영어를 하면서 생긴 나만의 자신감. 나는 엄마가 아이를 충분히 교육할 수 있다는 자신감이 생겼다.

이렇게 생긴 자신감을 이젠 여러 후배 학부모 엄마들, 예비 엄마들에게 나누어 주고 싶다. 엄마의 역할은 누가 가르쳐 주지 않으니까. 이상하게 잘된 엄마들은 자꾸 숨기고 가르쳐 주지 않으니까. 우리 아이들의 경쟁 상대는 옆집 친구가 아니라 다른 나라의 아이들인데 말이다.

모든 아이가 영어를 언어로 제대로 습득해서 나중에 우리 아이들이 전 세계로 나갔을 때는 국제적으로 대한민국 사람들은 똑똑하고 영어도 잘한다는 말이 들리길 바란다.

08

독서를
많이 하는 아이로
키우자

모국어를 잘하는 아이는

외국어에도 능통하다는 사실은 독서 관련 서적을 조금만 읽어 보아도 알 수 있다. 나는 주말에 다른 공부는 안 시켜도 영어 영상 보기와 독서는 꾸준히 시켜 왔다. 만화책이라도 읽도록 했다. 독서는 그만큼 아주 중요하다. 나는 초등학생 때는 다른 공부보다도 많은 책을 읽기를 아이들에게 강조하고 있다. 독서만큼 간접적으로 경험하게 해주고 또 수많은 지식을 내 것으로 만들 수 있는 방법이 있을까? 나는 독서의 힘을 믿는다.

아직 어린 우리 아이들을 수많은 곳에 데려가서 경험시켜 주고 더 넓은 세상을 보여 주고 싶은 마음은 모든 부모에게 다 있지 않은가? 하지만 그 정도로 시간과 돈이 여유 있는 부모는 흔치 않다. 나조차도 시간이 여의치 않고 하물며 매주 해외 여행이나 유럽 여행 혹은 미국 여행을 가기란 쉽지 않다. 그럴 때 아이들에게 세계를 보여 주고 역사, 문화, 자연, 과학을 모두 알려줄 수 있는 도구는 독서뿐이다.

요즘의 독서는 예전처럼 종이책으로만 국한되지 않는다. 이북(e-book)이 너무나도 잘되어 있다. 나는 아이들과 외국에 처음 갔을 때 짐을 싸면서 책을 어떻게 가지고 가야 할지 고민을 많이 했다. 무거워서 많이 가지고 나갈 수가 없었다. 그래서 중간에 잠시 들어오는 남편에게 부탁하기도 했다. 그런데 불과 1~2년 사이에 그 모습이 바뀌었다. 이북(e-book)을 사용하면서 종이책은 적게 가져가고 대신 데이터 비용을 더 추가했다. 이북(e-book)을 보려면 인터넷 연결이 필수니까!

나는 주말이나 방학에 도서관에 가는 것도 아이들과 함께했다. 사실 아쉽게도 우리 아이들이 책을 너무 많이 사랑해서 노는 것보다 책을 우선순위로 둔다거나 하지는 않는다. 하지만 나도 그랬고 아이들도 그렇듯이 책이 최우선은 아니어도 즐기기를 바라는 마음에 매주 한 번은 꼭 아이들과 도서관에 가려고 한다. 아이들은 환경이 바뀌어도 잘 적응하는 편이라서 다행이라는 마음을 가지고서 말이다.

도서관에 가면 아이들은 자신의 취향에 맞는 책을 골라서 본다.

시집도 보고, 만화책도 보고, 자신이 좋아하는 동물 책도 보고 여러 가지 책을 다양하게 골라서 본다. 끝까지 안 봐도 새로운 책을 보려는 시도에 칭찬도 해주고 한 시간 정도를 보고 나면 어떤 책을 보았든지 잘했고 기특하다고도 해주었다. 그랬더니 도서관 가서 책을 보는 것을 힘겨워하거나 두려워하지 않는다. 그게 어디인가. 책벌레여서 스스로 가고 싶다고 하면 더 좋은 게 부모의 마음이지만, 아직 거기까지는 안 된다면 거부하지 않는 것만으로도 만족한다. 그런데 시간이 지나면서 아이들이 도서관을 놀이터처럼 여기고 즐겁게 돌아다니는 것을 보면 마음이 그렇게 뿌듯할 수가 없다.

아이들과 도서관을 같이 가지 못할 때는 내가 책을 빌려 온다. 아이들이 빌릴 때와 다르게 나는 좀 다양한 책을 빌려다 준다. 쉽게 읽을 수 있는 책부터 어려운 책도 빌려다 준다. 경제와 사회, 과학책을 골라주기도 하고 때론 좀 두꺼운 책도 빌려다 준다. 처음에는 힘들어하지만 그래도 그중 관심이 있는 책을 보면서 재밌어하면 나름 뿌듯하기도 하다. 골고루 편식하지 않고 보는 책! 엄마가 빌려오는 책의 매력이 아닐까 싶다.

그렇게 매일 학습 과정에 책과 독서는 늘 있었다. 되도록 아이들과 같이 읽으려고 나도 책을 빌린다. 나는 책을 뒤늦게 좋아하게 된 편이다. 재밌고 흥미로운 책을 읽을 때면 그렇게 흥분될 수가 없다. 또 아껴서 읽고 싶은 책도 생긴다. 너무 재밌고 좋아서 괜스레 천천히 아껴 읽는다. 이런 느낌을 아이들도 갖고 책을 사랑하기를 바라는 맘이 크다. 문학에는 일말의 관심도 없었고 영어는 한마디도 할 줄 모르던 엄마가, 책도 쓰고 엄마표 영어교육으로 아이를 원어민처럼 가르치다니 정말 대단하지 않은가? 스스로의 자존감이 치솟는 요즘이다.

독서가 이렇게 좋은데, 내 소중한 아이들에게 어찌 권하지 않을 수 있을까?

나는 우리 아이들이 책을 사랑하고 영어를 자연스럽게 구사하기를 바란다. 공부를 잘하기보다는 책으로 지식을 넓혀 갔으면 한다(물론 공부도 잘한다면 더 좋지만 말이다. 넓은 지식을 갖고 공부를 잘하기를 바란다. 욕심이 과한가?).

다양한 지식을 갖추고 보는 눈이 넓은 아이. 그래서 좀 더 넓은 세상에서 본인만의 행복을 찾아가기를, 그것을 책이 도와주고 언어가 도와주기를 바란다.

부록

돼끼맘이
추천하는
영상

01

넷플릭스
프로그램

- 〈바다탐험대 옥토넛〉

  바다 생물 이야기를 재밌는 만화로 접할 수 있다. 바다 상식을 함께 얻을 수 있다. 재미도 물론 good!

- 〈크리스마스 연대기〉

  산타를 믿지 않는 오빠 테디, 산타를 믿는 케이티 앞에 진짜 산타가 나타났다.

- 〈박물관이 살아있다〉

  밤이면 살아나는 박물관. 박물관을 지키기 위한 래리와 박물관의 전시물들 이야기이다.

- 〈호두까기 인형과 4개의 왕국〉

  엄마의 마지막 선물을 열어줄 황금열쇠를 찾아 나서는 클라라. 마법의 세계로 떠나자~!

- 〈말레피센트〉

  잠자는 숲속의 공주와 마녀 이야기이다.

- 〈미라큘러스레이디버그와 블랙캣〉

  레이디버그와 블랙캣이 호크모스가 보낸 나비로 인해 변해버린 친구들을 구한다.

- 〈나 홀로 집에〉

  아이들이 깔깔깔 웃으며 보는 영화다.

- 〈라따뚜이〉

  쥐가 요리를 한다! 그것도 천재적인 미각으로!

- 〈제로니모의 모험〉

  제로니모는 초등학생 아이들이 좋아하는 만화다. 책으로도 나와 있다. 애니메이션을 먼저 보고 제로니모 원서를 보면 좋을 듯하다.

- 〈마이 리틀 자이언트〉

  거인과 소녀의 이야기, 고아원 소녀가 거인에게 잡혀갔다!

- 〈찰리와 초콜릿 공장〉

  찰리가 윌리 윙카의 신기한 초콜릿 공장에 견학하러 간 이야기. 환상과도 같은 이야기 속에서 가족의 소중함을 알려주는 영화다.

- 〈힐다〉

  힐다와 친구들의 모험 이야기. 우리 집 큰딸이 재밌어했던 이야기이다.

- 〈틴 타이탄〉

  우리 집 아들이 매일 보는 애니메이션이다. 최애(가장 사랑하는) 캐릭터는 본인을 닮은 비스트 보이이다.

- 〈베스트 탐정단〉

  돼끼맘 블로그 인기글에서도 소개하는 프로그램. 네 명의 아이들이 만든 탐정단이 학교 문제 해결사가 된다.

- 〈마다가스카의 펭귄〉

  펭귄 사 총사와 문어 박사 옥토브레인, 비밀 조직 노스윈드 군단! 매력적인 캐릭터들!

- 〈페파 피그〉

  I'm Peppa Pig 컹~! This is my brother, Geoge 컹컹~! This is Mummy Pig 컹~! This is Daddy Pig 컹~!

- 〈인크레더블〉

  신기한 능력을 가진 가족이 나쁜 악당들을 물리치는 이야기. 아들의 최애 영화이다.

- 〈벤과 홀리의 리틀 킹덤〉

  요정 홀리와 엘프 벤 그리고 무당벌레 가스통이 벌이는 엉뚱하지만 재밌는 이야기이다.

- 〈칩 앤 포테이토〉

  퍼그와 마우스의 일상 이야기. 어린아이들이 좋아할 만한 프로그램이다.

- 〈개구쟁이 스머프〉

  오래된 만화영화인 만큼 화면은 옛날 화면이지만, 재미는 옛날이나 지금이나 최고다. 첫째 아이의 최애 프로그램이다.

- 〈위 베어 베어스〉

  영어로 배우는 재밌는 표현들이 다수 나온다. 근데 우리 애들은 왜 안 볼까? 재밌는데…….

- 〈인사이드 아웃〉

  기쁨(Joy)과 슬픔(Sadness), 내 마음속에는 어떤 감정이 살까?

- 〈앨빈과 슈퍼밴드〉

  개구쟁이 앨빈과 친구들. 코믹한 이야기이다.

- **〈주먹왕 랄프〉**

  게임기 속 세상 이야기. 2탄에서 인터넷 속으로 들어가는 내용도 재밌다.

- **〈주토피아〉**

  주토피아 주인공은 토끼인데 나무늘보가 기억에 남는다.

- **〈마틸다〉**

  너무나 똑똑한 소녀 마틸다~! 사랑스러운 소녀 이야기.

- **〈트롤〉**

  트롤 공주 파피의 행복한 마음이 우울한 버겐에게 전해진다면? 신나는 노래와 함께 즐기는 영화.

- **〈메리다와 마법의 숲〉**

  엄마가 곰으로 변했다! 엄마와 딸이 함께 보면 좋은 영화.

- **〈파자마 삼총사〉**

  고양이, 부엉이, 도마뱀의 특징을 가진 삼총사 이야기이다.

- **〈하늘에서 음식이 내린다면〉**

  음식 복제기가 있다면?

- **〈빤스맨의 위대한 모험〉**

  빤스만 입고 있는 우리의 영웅 이야기이다.

- **〈터보〉**

  달팽이들의 경주. 달팽이 맞아?

- **〈슈퍼 몬스터〉**

  낮에는 사람, 밤에는 몬스터.

- 〈몬스터 호텔〉

  드라큘라가 운영하는 몬스터 호텔에 인간이 나타나며 벌어지는 이야기
  이다.

- 〈매직 스쿨 버스〉

  프리즐 선생님과 떠나는 우주, 해저, 인체 여행 이야기. 과학 애니메이
  션이다.

- 〈해피 피트 2〉

  황제펭귄 에릭과 아빠 멈블이 빙하에 갇힌 황제펭귄을 구하는 이야기.
  오프닝이 신나는 노래로 시작된다.

- 〈패딩턴〉

  영국 런던에 나타난 곰, 패딩턴. 패딩턴과 브라운 가족의 좌충우돌 이야
  기이다.

- 〈볼트〉

  강아지를 너무 좋아하는 아이들이 좋아하는 영화. 초능력을 사용하는
  강아지? 소녀에게 돌아가려는 볼트의 모험 이야기이다.

- 〈나의 특별한 힐링 친구〉

  강아지 모호크와 함께하는 노아의 학교 적응기. 친구와 함께라면 학교
  를 잘 다닐 수 있을 거야.

- 〈신비아파트〉

  귀신이 나오는 신비아파트. 거기 사는 신비와 하리는 다른 나쁜 귀신들
  을 봉인한다. 한글로만 보다가 영어로 나와서 너무도 반가운 애니메이
  션이다!

- 〈원시 소년 팽본〉

  원시 소년 팽본과 빌이 몬스터들을 무찌른다~!

- 〈미스터 피바디와 셔먼 쇼〉

  똑똑한 강아지 피바디, 위인들과 함께하는 코미디 쇼! 나폴레옹, 모차르트, 마르코폴로, 라이트 형제 등 위인전을 애니메이션으로 즐길 수 있다.

- 〈장화 신은 고양이의 신나는 모험〉

  장화 신은 고양이 푸스, 산로렌소라는 도시에서 벌어지는 일들을 푸스가 해결한다~!

- 〈초록 달걀과 햄〉

  부정적인 발명가 가이와 호기심 넘치는 긍정적인 샘의 이야기이다.

- 〈벼랑 위의 포뇨〉

  소년과 물고기 소녀의 이야기. 가슴 따뜻한 이야기이다.

- 〈마녀 배달부 키키〉

  키키의 마녀 성장기. 빵집에서 배달부로 일하며 마녀로서 성장하는 키키의 이야기이다.

- 〈추억의 마니〉

  마니는 누구일까? 나름대로 반전 애니메이션이자 내가 좋아하고 딸이 좋아하는 감성 충만 애니메이션이다.

- 〈이웃집 토토로〉

  토토로를 모르는 사람 없고 토토로를 싫어하는 사람도 없다.

02

추천
DVD

- 〈마놀로와 마법의 책〉

  박물관에 견학하러 온 아이들에게 들려주는 옛이야기. 멕시코 두 신의
  내기를 담고 있다.

- 〈삐삐 롱스타킹〉

  엉뚱 소녀 삐삐 이야기. 애니메이션 말고 실사로 된 이야기가 있다. 한
  동안 첫째 아이가 이것만 보았다.

- 〈산적의 딸 로냐〉

  강한 정신력의 소녀 로냐, 서로 대립하는 산적 무리를 화해시키려는 로
  냐 이야기이다.

- 〈인어공주〉

  인간이 되고 싶은 인어공주 이야기. 디즈니의 대표작 중 하나.

- 〈팅커벨 시리즈〉

  : 1~5까지 있는 팅커벨 시리즈 2, 3탄은 재미없다고 누가 그랬는지..
  팅커벨은 모든 시리즈가 다 재미있어서 우리아이는 여러번 보았다.

● 〈인크레더블〉

신비한 힘을 가진 가족의 이야기. 힘센 아빠, 몸이 늘어나는 엄마, 방어 능력이 뛰어난 딸, 달리기가 엄청 빠른 아들, 엄청난 능력이 있다고 알려진 아기까지. 우리 아들이 좋아하는 영화에요.

● 〈마이펫의 이중생활〉

우리들의 펫! 우리가 모르는 펫들만의 이야기. 토끼가 악당으로 나올 줄이야.

● 〈닥 맥스터핀스〉

닥은 장난감을 고치는 의사에요. 장난감들을 고쳐주며 소통하는 닥의 이야기는 어린 아이들이 좋아해요.

● 〈마이리틀포니〉

소녀들이 좋아하는 마이리틀포니. 사랑스러운 포니들이 각자의 개성으로 꾸며진 재밌는 이야기!

넷플릭스는 다양한 영화와 시리즈를 보유하고 있지만, 그 밖에도 좋은 영화 시리즈가 많다.

그러니 넷플릭스에서 못 보는 것은 DVD로 보면 좋다. 특히 일본 영화는 우리나라 감성에 잘 맞아서 아이들도 잘 본다.

영어로도 보고 후에 일본어로 보는 방법도 좋다.

이외에도 더 많은 DVD와 영화들이 있지만, 돼끼맘의 아이들이 좋아하고 돼끼맘이 좋아했던 것 중에서 몇 개를 추천해 본다.

이 밖의 또 다른 이야기는 돼끼맘의 엄마표 영어 블로그에서 확인하면 좋을 것이다.

영어 학원 좋아요. 영어 유치원 좋아요.

어떤 방법이든 다 좋아요.

나는 어떤 방법이든 다 좋은데 거기에 하나 더! 노출을 꼭 강조하고 싶다! 노출을 얼마나 잘 했느냐가 엄마표 영어 혹은 영어교육의 성패를 가른다. 많은 엄마들이 원하지만 성공하기 힘든 것이 엄마표 영어라고 한다. 내가 성공했던 가장 큰 이유는 바로 노출에 제일 공을 많이 들였기 때문이다.

그래서 물론 쓰기나 읽기는 다소 부족해 보일 수 있지만 내가 원하는 스피킹은 상상 이상의 결과를 얻었다. 결국에 모든 사람이 원하는 것은 스피킹이 아닐까? 내가 성공한 엄마표 영어는 리스닝과 스피킹이 완벽히 된다! 사실 스피킹은 아이들이 아니라 40살의 내가 원하는 것이다. 나도 자막없는 영화나 유튜브를 보며 웃고 화내며 공감하고 싶다.

이 책을 읽고 나면 읽고 쓰는 부분의 내용이 없다라고 생각할 수 있다. 맞다. 나는 영어 전공자도 아니고 교육자도 아니어서 그런 부분은 아직 너무나 부족하다. 그런 부분은 다른 여러 엄마표 영어를 하는 엄마들이 이미 많은 것을 공유하고 있으니 참고 바란다.

또 학원에서 많이 가르치고 있으니 굳이 영어도 잘 모르는 내가 알려주지 않아도 된다고 생각한다. 난 영어를 아직도 못한다. 하지만 5년의 엄마표 영어로 자신감만은 가득 차 있다. 그래서 다른 사람들이 보면 잘하는 거 아니냐고 오해를 하지만 전혀 아니다.

하지만 우리 아이는 다르다. 6학년 마지막 학기만을 남겨놓은 상황에서 현재는 화상영어를 진행하고 있다. 화상영어를 하는 이유는 아이가 영어를 많이 못 쓰는 상황이 계속되자 발음이나 단어 사용의 부족함을 스스로 느껴 고민을 털어놓았기 때문이다. 부족하다고 이야기하는 부분에 있어서 같이 공감하고 같이 방법을 찾아

나간다. 나는 앞으로도 영어 선생님이 아니라 코칭으로 어떻게 하면 좋을지 같이 방법을 생각하는 엄마가 될 것이다.

이 책에서 엄마들이 딱 하나만 얻어간다면 노출의 중요성을 인식하는 것이다. 절대 간과하고는 훌륭한 언어 습득을 할 수 없다. 매일매일 꾸준한 노출을 통해서 아이들이 영어에서 자유로워져 몇 년 뒤 아이들로부터 엄마 고마워요라는 말을 꼭 듣기를 저자로서 바라는 바이다. 나처럼.